新しい教職教育講座　教職教育編❽

原 清治／春日井敏之／篠原正典／森田真樹 [監修]

総合的な学習の時間

森田真樹／篠原正典 [編著]

ミネルヴァ書房

新しい教職教育講座

監修のことば

　現在，学校教育は大きな転換点，分岐点に立たされているようにみえます。
　見方・考え方の育成を重視する授業への転換，ICT 教育や特別支援教育の拡充，増加する児童生徒のいじめや不登校への適切な指導支援，チーム学校や社会に開かれた教育課程を実現する新しい学校像の模索など。切れ間なく提起される諸政策を一見すると，学校や教師にとって混迷の時代に突入しているようにも感じられます。
　しかし，それは見方を変えれば，教師や学校が築き上げてきた地道な教育実践を土台にしながら，これまでの取組みやボーダーを超え，新たな教育を生み出す可能性を大いに秘めたイノベーティブな時代の到来ともいえるのではないでしょうか。教師の進むべき方向性を見定める正確なマップやコンパスがあれば，学校や教師の新たな地平を拓くことは十分に可能です。
　『新しい教職教育講座』は，教師を目指す学生や若手教員を意識したテキストシリーズであり，主に小中学校を対象とした「教職教育編」全13巻と，小学校を対象とした「教科教育編」全10巻から構成されています。
　世の中に教育，学校，教師に関する膨大な情報が溢れる時代にあって，学生や若手教員が基礎的知識や最新情報を集め整理することは容易ではありません。そこで，本シリーズでは，2017（平成29）年に告示された新学習指導要領や，今後の教員養成で重要な役割を果たす教職課程コアカリキュラムにも対応した基礎的知識や最新事情を，平易な表現でコンパクトに整理することに心がけました。
　また，各巻は，13章程度の構成とし，大学の授業での活用のしやすさに配慮するとともに，学習者の主体的な学びを促す工夫も加えています。難解で複雑な内容をやさしく解説しながら，教職を学ぶ学習者には格好のシリーズとなっています。同時に，経験豊かな教員にとっても，理論と実践をつなげながら，自身の教育実践を問い直し意味づけていくための視点が多く含まれた読み応えのある内容となっています。
　本シリーズが，教育，学校，教職，そして子どもたちの未来と可能性を信じながら，学校の新たな地平を拓いていこうとする教師にとって，今後の方向性を見定めるマップやコンパスとしての役割を果たしていくことができれば幸いです。

　　　　　　　　　　　　　　監修　原　　清　治（佛教大学）
　　　　　　　　　　　　　　　　　春日井敏之（立命館大学）
　　　　　　　　　　　　　　　　　篠　原　正　典（佛教大学）
　　　　　　　　　　　　　　　　　森　田　真　樹（立命館大学）

はじめに

　「何を教えるか」から「何ができるようになるか」。コンテンツ・ベースの教育から，コンピテンシー・ベースの教育への転換が求められている。「(個別の) 知識・技能」「思考力・判断力・表現力等」「学びに向かう力，人間性等」という〈資質・能力の三本柱〉を中心にすえた学習指導要領の改訂がなされ，主体的・対話的で深い学びの実現に向けた授業改善が求められる時代となっている。

　1998（平成10）年及び1999（平成11）年の学習指導要領改訂で，小学校，中学校，高等学校に導入された「総合的な学習の時間」は，現在の改革動向を先取りするものであったといえる。2017（平成29）年の新学習指導要領（小学校，中学校）でも，総合的な学習の時間は重要な位置づけにあり，高等学校の新学習指導要領では，「総合的な探究の時間」として新たに再編されていくことになる。現代の改革の方向性からしても，今後，総合的な学習の時間の実践がさらに充実したものとなるか否かは，新学習指導要領の理念の成否を決定づけるといっても過言ではないだろう。しかし，導入から15年が経過し，各学校での総合的な学習の時間の充実度に格差が生じているのも現実である。

　総合的な学習の時間の計画，実施を担う教員には，カリキュラム・ユーザーではなく，カリキュラム・デザイナーとしての資質能力が求められる。総合的な学習の時間では，学習指導要領や教科書等で，教える内容やその配列が定まっていることを所与の事実とすることはできない。担当教科にかかわらず，すべての教員には，児童生徒，学校，地域等の実態に配慮しながら，学習者の主体的で，探究的な学びを可能とする年間指導計画をデザインしていく力が求められている。

　しかしながら，これまでは，総合的な学習の時間について学ばなくとも教育職員免許状の取得が可能であり，基礎的な知識を得る機会のないまま，学校現

場で担当せざるをえないのが実態であった。こういった状況を改善すべく，2017（平成29）年に改正された教育職員免許法施行規則において，「総合的な学習の時間の指導法」についても，教職科目に含まなければならない事項とされるようになった。

　このような背景の中で，本書は，「新しい教職教育講座　教職教育編」の第8巻として，主に，教員を目指す学生や，学校現場の若手教員らが，総合的な学習の時間についての基礎的事項を理解するための概説書として編集した。難解な学術論に踏み込むことなく平易な表現・内容で記述するとともに，実践に役立てることができるよう実践事例を多く紹介している。また，章末には，「学習の課題」や「さらに学びたい人のための図書」を掲載するなど，読者の主体的な学びにも配慮した。

　第1章から第6章は，総合的な学習の時間の基本的な枠組みを理解するパートとして，意義，歴史的展開，教職課程，指導計画・単元計画，学習指導，評価について学習していく。第7章，第8章は，総合的な学習の時間の実際を理解するパートとして，小学校及び中学校を事例にしながら，実際の学校現場では，どのような総合的な学習の学習が展開しているのか学習していく。第9章から第12章は，総合的な学習の時間で扱われることの多いテーマの基本的事項を理解するパートとして，国際理解教育，環境教育，シティズンシップ教育，地域学習について学習していく。本書の学習を通して，総合的な学習の時間に関する基本的な知識が獲得されるとともに，何よりも，未来の子どもたちのために，学校現場での実践が充実する一助となれば幸いである。

　最後に，本書の編集・刊行にあたっては，ミネルヴァ書房の浅井久仁人氏，神谷透氏に細やかなご配慮と多大なご支援をいただき，心より感謝申し上げる。

2018年3月

編者　森田真樹
　　　篠原正典

目 次

はじめに

第1章　総合的な学習の時間の意義 … 1
1　総合的な学習の時間の導入とこれまでの経緯 … 1
2　総合的な学習の時間で育成する資質・能力の意義 … 7
3　総合的な学習の時間の実践と学力との関係 … 12
4　総合的な学習の時間を充実するための要素 … 15

第2章　戦後の学習指導要領にみる総合的な学習 … 21
1　総合的な学習の時間の源流 … 21
2　戦後初期におけるコア・カリキュラムの実際 … 24
3　戦後初期におけるコア・カリキュラムが示唆するもの … 33

第3章　総合的な学習の時間の教育課程と校内体制 … 37
1　教育課程における総合的な学習の時間の位置づけ … 37
2　総合的な学習の時間の目標と育成を目指す資質・能力 … 39
3　各学校において定める目標及び内容 … 43
4　総合的な学習の時間の学習内容 … 44
5　総合的な学習の時間と持続可能な開発のための教育（ESD） … 47
6　総合的な学習の時間と学校内外の体制づくり … 50

第4章　総合的な学習の時間の指導計画・単元計画 … 53
1　総合的な学習の時間における指導計画の基本的な考え方 … 53
2　総合的な学習の時間において各学校が定める目標及び内容 … 55
3　年間指導計画の基本的な考え方とその作成 … 61
4　単元計画の基本的な考え方とその作成 … 64

第5章　総合的な学習の時間の学習指導······69
1　探究的な学習とは何か······69
2　他者と協同して取り組む学習活動······73
3　総合的な学習の時間における体験活動······77
4　総合的な学習の時間における情報活用能力の育成······80

第6章　総合的な学習の時間における評価······85
1　小学校での実践例······85
2　中学校での実践例······89
3　総合的な学習の時間における評価のポイント······92
4　総合的な学習の時間における評価の方法······96

第7章　小学校における総合的な学習の時間の実際······101
1　八幡市における総合的な学習の時間······101
2　シティズンシップ教育としての「こどもCompany『勝手に名産品』」······105
3　総合的な学習の時間と情報モラル教育の見直し······109
4　総合的な学習の時間におけるプログラミング学習······116
5　これからの総合的な学習の時間に向けて······118

第8章　中学校における総合的な学習の時間の実際······121
1　カリキュラムの作成······121
2　探究のプロセスについて······124
3　思考ツールの活用······130
4　地域との連携······133
5　生徒・教師・地域の変容······135

第9章　総合的な学習の時間と国際理解教育······139
1　総合的な学習の時間における国際理解教育······139

2 国際理解教育の出発点 …………………………………… 141
3 国際理解教育の展開 …………………………………… 143
4 国際理解教育とユネスコスクール …………………… 145
5 国際理解教育をめぐる課題 …………………………… 146
6 国際理解教育の目標，内容構成の事例 ……………… 147
7 国際理解教育の実践のパターン ……………………… 151
8 総合的な学習の時間における国際理解教育の実践にむけた課題 ……… 153

第10章 総合的な学習の時間と環境教育 …………………… 156
1 環境教育の歴史的展開 ………………………………… 156
2 環境教育の広がりと ESD ……………………………… 160
3 総合的な学習の時間における環境教育の実現 ……… 164

第11章 総合的な学習の時間とシティズンシップ教育 …… 172
1 シティズンシップ教育と社会的背景 ………………… 172
2 シティズンシップとは何か …………………………… 174
3 シティズンシップ教育をプログラム化する指針 …… 177
4 シティズンシップ教育の方法 ………………………… 180
5 総合的な学習の時間の実践の課題 …………………… 183

第12章 総合的な学習の時間と地域学習 …………………… 188
1 地域学習の教育理論 …………………………………… 188
2 日本における地域学習の歴史的展開 ………………… 190
3 地域学習のカリキュラム内容 ………………………… 194
4 地域学習の実践に向けて ……………………………… 197

小学校学習要領（抄）／中学校学習要領（抄）

索　引

第1章 総合的な学習の時間の意義

この章で学ぶこと

総合的な学習の時間が導入された背景，導入における目的および実践における課題について学ぶ。とくに新学習指導要領で求められている「能力・資質」の育成および，全国学力・学習状況調査で評価されている学力向上に対して，総合的な学習の時間が非常に効果的な役割を果たしていること，また，米国の多重知能理論を活用した「真正の問題学習」を例に，総合的な学習の時間を充実するための課題を考える。

1　総合的な学習の時間の導入とこれまでの経緯

(1) 導入の背景

　総合的な学習の時間は1998（平成10）年の教育課程審議会の答申を受けて，2000（平成12）年からの段階的導入を経て，2002（平成14）年の学習指導要領の全面実施により導入された教育課程の制度である。この導入に大きな影響を与えた1996（平成8）年の第15次中央教育審議会における「21世紀を展望した我が国の教育の在り方について」の答申内容を見ると，導入の経緯がわかる。その答申に書かれている内容を基に，経緯の概要を以下に示す。
　太平洋戦争敗戦後の復興に向けて，日本は欧米に追いつき追い越すために国民が努力し，その結果驚異的な成長を遂げてきた。その一方で，様々な社会問題が同時に生じた。都市化が進む中で地方の過疎化が進み，また核家族化が進むことにより家族の有り様が変わり，地域社会の連帯意識も弱まった。このような社会の中で人々は生活のゆとりを失い，慌ただしいものになっていった。それに並んで子どもたちの生活も大人社会と同様にせわしくなり，テレビやマ

スメディアに触れる機会が多くなる一方で，生活体験や自然体験の機会は減少してきた。答申が出される数年前の NHK による世論調査でも，「夜眠れない」「疲れやすい」「朝食欲がない」「何となく大声を出したい」「何でもないのにイライラする」といったストレスを持っている子どもがかなりいることが報告されて生活のゆとりのなさが子どもの様子にも現れていた。さらに，子どもたちの倫理観は薄れ，自立が遅くなっていると悪評される一方で，国際交流や社会と積極的に関わろうという気持ちをもっているとも評された。

　学校生活に目を向けて見ると，1994（平成 6）年の文部科学省の調査によれば，小学校では学校生活を楽しいと考えている子どもたちが多いものの，中学校，高等学校に進むにつれて学校生活への満足度が減少する傾向を示している。加熱した受験競争は低年齢化が進み，それが本来の学ぶ目的を見失わせたり，子どもの発達や人間形成に悪影響を与えたりすることが懸念され，いじめや登校拒否の子どもの数は年々増加していることが報告されている。「学級崩壊」という新たな社会問題が出てきたのもこのころである。核家族化や地域との連携の減少といった，社会のライフスタイルの変化により教育力の低下が見られ，一見快適な生活を送ることができるようになってきたことが，本当に良いことだったのか，本当に幸福になったのかが問われるようになってきた。

　このような状況下で，教育のあり方の基本的な方向の見直しが考えられた。豊かな人間性，正義感や公正さ，他者を思いやる心，国を大切にする心など「時代を超えて変わらない価値のあるもの」をしっかりと身に付けて欲しいという一方で，「時代の変化とともに変えていく必要があるもの」，とくに国際化や情報化などの社会の変化に，教育が適格かつ迅速に，そして柔軟に対応することも必要だと考えられた。このような変化の激しい社会では，知識が陳腐化する速度は速く，不断に新しい知識の習得が求められているが，さらに重要なことは，将来予測が明確につかない先行き不透明な社会にあっては，その時代の状況を踏まえつつ，考えたり，判断したりする力をもつことであるとされた。

　このようなことから子どもたちに必要となるのは「如何に社会が変化しようと，自分で課題を見つけ，自ら学び，自ら考え，主体的に判断し，行動し，よ

りよく問題を解決する資質や能力であり，また自らを律しつつ，他人とともに協調し，他人を思いやる心や感動する心など，豊かな人間性である」という，いわゆる「生きる力」と称する内容にまとめられた。「生きる力」を培うためには，子どもたちにゆとりを持たせることによって，子どもたちは自分を見つめ，自分で考え，また家庭や地域社会で様々な生活体験や社会体験を積み重ねることが可能となると考えられた。このゆとりとは時間的なゆとりだけでなく精神的なゆとりの確保も重要とされている。そして，「生きる力」が目指す資質や能力を育むための時間として，総合的な学習の時間が導入された。

　総合的な学習の時間における学習活動としては，国際理解，情報，環境，福祉・健康のほか，ボランティア，自然体験などについての総合的な学習や課題学習，体験的な学習等が考えられるが，その具体的な扱いについては，子どもたちの発達段階や学校段階，学校や地域の実態等に応じて，各学校の判断により，その創意工夫を生かして展開される必要があるとされた。このことは，自由な発想のもとで柔軟に対応できる時間であることから，学校の特性が出せる期待がもてる一方で，学校や教員間では，教科書のない新しい教科への対応に戸惑いも生じ，その活動に学校間で温度差が出てくることになる。

（2）導入後の経緯と課題

　2002（平成14）年の学習指導要領全面実施以降，総合的な学習の時間の成果は一部でみられたものの，実施にあたっての難しさが指摘された。たとえば，各学校において目標や内容を明確に設定していない，必要な力が児童についたかについて検証・評価を十分に行っていない，教科との関連に十分に配慮していない，適切な指導が行われず教育効果が十分に上がっていない，といった問題が出てきた（文部科学省，2008）。これまで学習指導要領で書かれた目標を基にカリキュラムを考えてきた教師にとって，教科書がない新しい領域では何を行ってよいか戸惑うことも多く，その結果，比較的安易に実施できる補充学習のような特定の教科の知識・技能の習得を図る教育が行われたり，運動会の準備などと混同された実践が行われたりしている例も出てきた。また，総合的な

学習の時間を外部講師を招聘した講義で代用する，あるいは国際交流をテーマにしていながらも，海外の学校とテレビ会議を通じて，相互に自校や地域の紹介で終わるといった，学習というよりイベント実施となるケースも見られた。そこで，総合的な学習の時間が導入されて間もない2003（平成15）年12月に学習指導要領の一部が改正され，そこでは学習目標や内容を定め，全体計画を作成し，教員が適切な指導を行うとともに，学校内外の教育資源を積極的に活用する必要があることが，指導要領に明確に位置付けられた。

　それでも，総合的な学習の時間がどの学校でも効果的に実施されてきたわけではない。総合的な学習の時間の目的は前述したように，課題発見解決能力を育成することを目的とするものであることから，その効果を出すためには，十分な学習時間が必要となる。同時に，このことは実施に至るまでの教員による十分な準備時間が必要となる。ところが，多忙である教員にはそのような時間を確保する余裕がなく，前述したような表層的な学習に終始し，本来の総合的な学習の時間の目的が達成されていない学校も多く見られたのが実態である。このことから教科の補充時間としての利用や，体験活動や職場体験などは特別活動でも行われていたことから，総合的な学習の時間においては，関連する教科内容との関係の整理，中学校の選択教科との関係の整理，特別活動との関係の整理を行う必要があるとされた。基礎的・基本的な知識・技能の定着やこれらを活用する学習活動は，教科で行うことを前提に，体験的な学習に配慮しつつ，教科等の枠を超えた横断的・総合的な学習，探究的な活動となるよう充実を図るよう指導がなされた。すなわち，総合的な学習の時間は独立したものではなく，各教科における基礎的・基本的な知識・技能の習得を行いながら，教科と一体となって子どもたちの力を伸ばすものであるという位置づけを認識することが重要である。

（3）総合的な学習の時間における具体的な学習活動
　総合的な学習の時間では，国際理解，環境，情報，福祉・健康といった，導入当時に世界的に重要視されてきていたテーマに関する学習活動が文部科学省

第1章　総合的な学習の時間の意義

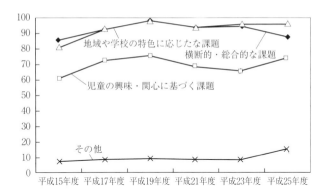

図1-1　総合的な学習の時間の学習活動（実施小学校の割合）

出典：図1-1～1-4は文科省の教育課程の編成・実施状況調査のデータを基に著者が作成

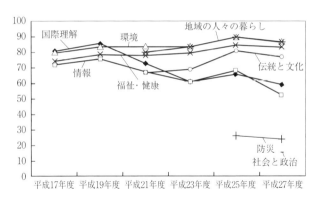

図1-2　横断的・総合的な課題の中で取り上げている具体的な学習活動（実施小学校の割合）

から提示されたが，これらの「横断的・総合的な課題」の他に，児童生徒の興味や関心に基づく課題や，学校や地域の実態等に応じて，各学校の判断により，その創意工夫を生かして展開されることが望まれていた。図1-1，1-2は小学校で「総合的な学習の時間」導入当時からどのような学習活動が行われてきたかを実施学校の割合で示したもので，図1-2は図1-1の「横断的・総合的な課題」の中で取り上げられた具体的な学習活動を示している。同様に図1-3，

5

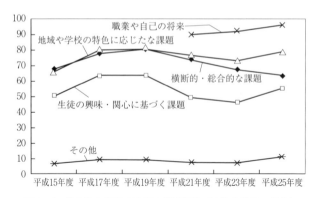

図1-3　総合的な学習の時間の学習活動（実施中学校の割合）

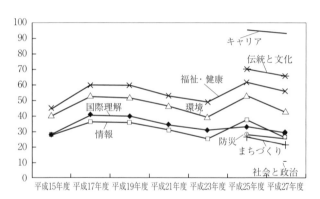

図1-4　横断的・総合的な課題の中で取り上げている具体的な学習活動（実施中学校の割合）

1-4に中学校における学習活動の経緯を示す。

　図1-1と図1-3を見ると，導入から約10年もの間，学習活動で取り上げている課題に大きな変化はないが，近年は小・中学校のいずれにおいても，横断的・総合的な課題が減少し，児童生徒の興味や関心に基づいた課題を取り上げる学校の割合が増加している。また，中学校では，2009（平成21）年度から職業や自己の将来に関する課題を取り上げている学校の割合が非常に高い状況にある。図1-3と図1-4を見ると，横断的・総合的な課題の中では，小・中学

校とも，環境，伝統と文化，福祉・健康をテーマとした課題に取り組む学校の割合が多い。教育でのICT活用や情報技術の重要性が増してきているものの，情報をテーマとした課題に取り組む学校の割合は相対的に低い状況にある。2013（平成25）年度からは，割合は少ないものの防災に関する課題に取り組む学校が出てきている。また，中学校においては，図1-3で示したように，「職業や自己の将来」に関する学習活動が多いことを反映して，「キャリア」を課題とした学習活動が多い。新学習指導要領では国民としての政治への関わりや防災・安全教育の充実などが重要事項として盛り込まれていることから，社会や理科の教科と関連付けて，今後「社会と政治」や「防災」を課題とした学習活動も増えていく可能性がある。

2　総合的な学習の時間で育成する資質・能力の意義

（1）一般の市民・社会人をモデルとした教育の必要性

　新学習指導要領では「何を教えるかではなく，何ができるようになるか」が重視されているが，現実の学校では，児童生徒から様々な教科において，「なぜ勉強しなければならないの。何に役に立つの？」と問われると，回答に苦慮する教員もいるだろう。確かに，学校教育において習得した知識や技能が，社会で役立っているとは必ずしもいえない。しかし，役立っていなくても，学ぶこと自体が頭脳を鍛え，教養として身に付き，論理的な思考力がつくなどの間接的な効果が期待できる。このように学校教育においては，社会生活に直接役立つ内容を教えるべきだという「実質陶冶」と，社会で役立つ能力を育成すべきだという「形式陶冶」という考え方がある。1960年代，すなわち世界が科学技術の高度化に邁進し，国内でも高度成長を目指した時代には，教科や知識の系統化が重視され，知識のつめこみと揶揄されたほど，教える内容に重点が置かれた。すなわち「実質陶冶」の考え方が主であった。また，受験内容そのものが知識の記憶力や応用力を問うもの，すなわち，正解が明確であり，ペーパーテストで採点が可能なものであることから，受験勉強への対策として知

識・技能習得に重きが置かれてきた。言い換えれば社会で役立つというより，受験に役立つ知識・技能の習得であったことも事実である。受験形態が変わっていない現実においてもこの考えは通じている。

　しかし，社会構造が変化し，その変化も加速化されてきたことから，1980年代の臨時教育審議会で，変化が激しい社会でも生きていける問題解決力や自身で学べる力，すなわち思考力，判断力，表現力などといった新学力観（形式陶冶）の重要性が打ち出された。これは「確かな学力」として現在通じるものであり，「生きる力」の一部となっている。

　かつては，学校を卒業してからの自身の将来を想像しながら，社会で自立して働いていくことが当たり前だという考えをもつのが一般的であったが，近年ではニートやフリーターの増加が見られるように，将来よりも現実でなんとか生活できればよいという生き方・考え方が現れてきた。そのような人にとって，将来の安定な生活の確保は不安であり，社会に対する貢献もできなくなってしまうという問題が出てきた。これは大きな社会問題にも発展する。このような問題意識から，「自分が社会の中でどのように生きていくか」を子どものころから考える必要があり，そのためにどのような能力を身に付けて行けばよいのかという検討が始まった。1960年代の科学技術の発展を目指したころには，たとえば，多数の優れた人材より，様々な分野や領域でエリートといわれる少数の逸脱した優れた人材を輩出する教育でもよかったのであるが，先述したようにニートやフリーターの増加，貧困家庭の増加等の課題が増えてきた現在においては，「生きる力」を有する市民・社会人をモデルとした教育が必要だと考えられるようになった（市川，2016）。

（2）世界で提言されている資質・能力

　2000（平成12）年にPISAの生徒の学習到達度調査が実施されたが，この頃より少し前から様々な能力に関する議論がなされてきた。表1-1に示すように，文部科学省からは1998年の学習指導要領から出てきた「生きる力」，同時期の1997（平成9）年から始まったOECDのDeSeCo（Definition and Selection

第1章　総合的な学習の時間の意義

表1-1　近年提言された様々な「資質・能力」

生きる力 (1996年)	第15期中央教育審議会第1次答申『21世紀を展望した我が国の教育の在り方について』	○基礎・基本を確実に身に付け、いかに社会が変化しようと、自ら課題を見つけ、自ら学び、自ら考え、主体的に判断し、行動し、よりよく問題を解決する資質や能力 ○自らを律しつつ、他人とともに協調し、他人を思いやる心や感動する心などの豊かな人間性 ○たくましく生きるための健康や体力など
PISA 学力 (2000年以降)	OECD（経済協力開発機構）「生徒の学習到達度調査（PISA）」	○読解力：書かれたテキストを理解し、利用し、熟考する力 ○数学的リテラシー：確実な数学的根拠に基づき判断を行い、数学に携わる能力 ○科学的リテラシー：科学的知識を活用し、課題を明確にし、証拠に基づく結論を導き出す力 ○問題解決能力：問題に処し解決する力
キーコンピテンシー (2002年)	OECD（経済協力開発機構）「能力の定義と選択」(DeSeCo)プロジェクト	○社会・文化的、技術的ツールを相互作用的に活用する能力（個人と社会との相互関係） ○多様な社会グループにおける人間関係形成能力（自己と他者との相互関係） ○自律的に行動する能力（個人の自律性と主体性）
人間力 (2003年)	人間力戦略研究会（内閣府）	○知的・能力的要素：基礎学力、論理的思考力、創造力など ○社会・対人関係能力：コミュニケーションスキル、リーダーシップ、規範意識など ○自己制御的要素：意欲、忍耐力、自分らしい生き方や成功を追及する力など
社会人基礎力 (2006年)	社会人基礎力に関する研究会 (経済産業省)	○前に踏み出す力（アクション）：主体性、働きかけ力、実行力 ○考え抜く力（シンキング）：課題発見力、計画力、創造力 ○チームで働く力（チームワーク）：発信力、傾聴力、柔軟性、状況把握力、規律性、ストレスコントロール力
学力の3要素 (2007年)	文部科学省「学校教育法一部改正」	○基礎的・基本的な知識・技能の習得 ○知識・技能を活用して課題を解決するために必要な思考・判断・表現力等 ○主体的に学習に取り組む態度

出典：『学校現場で考える「育成すべき資質・能力」』、ぎょうせい、2016年、56頁から一部抜粋。

表1-2 DeSeCo のキーコンピテンシー

カテゴリー1 道具を相互作用的に用いる	A 言語，シンボル，テクストを相互作用的に用いる B 知識や情報を相互作用的に用いる C テクノロジーを相互作用的に用いる
カテゴリー2 異質な人々からなる集団で相互に関わり合う	A 他者とよい関係を築く B チームを組んで協同し，仕事をする C 対立を調整し，解決する
カテゴリー3 自律的に行動する	A 大きな展望の中で行動する B 人生計画や個人的プロジェクトを設計し，実行する C 権利，利害，限界，ニーズを擁護し，主張する

of Competencies) プロジェクトから出された「キーコンピテンシー」，2003年内閣府の人間戦略研究会から出された「人間力」，2006 (平成18) 年経済産業省から出された「社会人基礎力」など，様々な資質・能力が出されてきている。これらに共通なものは，以前の系統的な学習で重要視されたペーパーテストで測定できる知識や・技能だけでなく，対人関係や態度，また人格や特性など人間性に及ぶ総合的な能力に及んでいる点である。これらの能力は国内だけが重視しているのではなく，OECD が出しているように，世界的に知識基盤社会の中で必要と考えられてきている能力だと言える。

　ここで，世界的に注目されている OECD のキーコンピテンシーとPISAのリテラシーに焦点を当ててみる。スペンサーら (2001) は，キーコンピテンシーを「ある職務において，卓越した業績を生み出す原因となっている個人の基底的特徴」と定義している。すなわち，ペーパー試験で評価できるような知識・技能というよりは，見えにくい性格や自己概念，動機など潜在的な特徴を意味している。OECD の DeSeCo プロジェクトでは，コンピテンシーを整理して3つのキーとなるコンピテンシーを打ち出した。それを表1-1にも示しているが，より詳しく示した能力を表1-2 (松下，2011) に示す。同じ OECD が実施している PISA で求められているリテラシーは，DeSeCo のキーコンピテンシーの中のカテゴリ1に相当する。PISA の調査は筆記テスト，近年ではPC を用いたテストになっていることから，カテゴリ2や3の行動を伴う評価

には該当していない。PISA は2000年から行われているが，年々，参加国・地域数は増加し，その結果に多くの国が注視するようになり，グローバルスタンダート的な性格をもつようになってきた。PISA の結果は国内の教育政策にも影響を与えており，2003年のとくに「数学的リテラシー」と「読解力」の順位の低下は，それまでのゆとり教育から学力向上への政策転換にも影響を与えるとともに，2007年から小6，中3を対象に始まった全国学力・学習状況調査にも影響を与え，その調査におけるB問題は，基礎・基本の知識を応用して解答する PISA 型の問題になっている。

　このような「資質・能力」の育成が，世界的に重視されていることがわかるが，基礎的な知識や技能がこれまで以上に重要であり必要であることに変わりはない。表1-1の様々な資質・能力をみると，あたかも世界で類似した資質・能力が新しく必要とされてきたかのようにも見えるが，これらは新しいものではない。それは人間にとって求められる本質的な資質や能力に大きな違いはないからである。たとえば，1971（昭和46）年の中央教育審議会答申「教育改革のための基本的施策　今後における学校教育の総合的な拡充整備のための基本的施策について」の中で，学校で身に付けるべき知に係る「力」をみると，① たえず更新される知識・技術を積極的に吸収し，それを人間と社会の進歩に役立てる英知，② 自主的・自律的に生きる力，自主的に充実した生活を営む能力，実践的な社会性，③ 創造的な課題解決の能力，④ 様々な価値観に対する幅広い理解力，などがあげられている。また，1976（昭和51）年の教育課程審議会答申では，① 自ら考え正しく判断できる力，② 創造的な知性と技能，そして，1985（昭和60）年の臨時教育審議会答申では，① 創造性，② 自ら考える力（論理的思考力，抽象能力，想像力），表現力，行動する力といったように，表1-1に示す資質・能力が含まれている。このことから，これらは社会で生きる人間にとって普遍の資質・能力であることがわかる。さらに，グローバル社会の進展とともに，「競争」がこれまで以上に加速するであろうから，知識，技能の習得はますます重要となる。一方で，社会が複雑化するとともに，自然災害や環境問題，そしてテロなど，世界的な問題として表出する社会問題が増

加し，それらに対して一人で対応することが難しくなるため，社会や他者と「共存・協力」する能力がとくに重要となってきている。

ここで，2008（平成20）年に出された総合的な学習の時間において育てようとする資質や能力および態度をみると，① 学習方法に関することとして，情報を収集し分析する力，わかりやすくまとめて表現する力，② 自分自身に関することとして，自らの行為について意思決定する力，自らの生活の在り方を考える力，③ 他者と社会とのかかわりに関することとして，他者と協働して課題を解決する力，課題の解決に向けて社会活動に参加する態度があげられている。

また，新学習指導要領では「資質・能力」の三つの柱の一つである「知識・技能」を積み重ねることによって得られる「見方・考え方」が，各教科等の得失に応じて身に付けることが重視されている。この「見方・考え方」とは，たとえば，理科であるなら，自然の事物や現象を科学的な視点で捉えるといった，その教科の本質にかかわる問いに答えるための，ものの「見方・考え方」を意味する。総合的な学習の時間は，「各教科の特質に応じた見方・考え方を総合的・統合的に活用することで，多様な文脈で使えるようになるなど，各教科等の見方・考え方が成長し，各教科等の深い学びを実現する」ことが目指されている。文部科学省からは，小学校・中学校の総合的な学習の時間の見方・考え方のイメージ案として，「広範な事象や多様な角度から俯瞰して捉え，実社会や実生活の文脈や，自己の生き方と関連付けて振り返り，考えること」が出されている。

3　総合的な学習の時間の実践と学力との関係

総合的な学習の時間の目的は，第1節でも述べたように，自ら課題を見つけ，自ら学び，自ら考え，主体的に判断し，よりよく問題を解決する資質や能力を育てることなどである。このような能力を育成する前提として，各教科における基礎的・基本的な知識・技能の習得が必要とされる。このように考えると，

第1章 総合的な学習の時間の意義

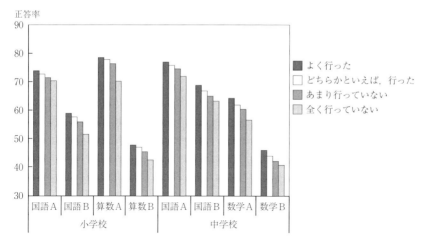

図1-5 総合的な学習の時間において，課題の設定からまとめ・表現に至る探求の過程を意識した指導をした頻度と正答率との関係

総合的な学習の時間と各教科の学力には正の相関があるように思える。一方では，教科の学力低下が問題視された2000年頃，総合的な学習の時間の導入がその一要因ではないかとも考えられた。これは，総合的な学習の時間の導入により教科の時間数が減少し，同時期に学校週5日制が完全実施されたことにより，小・中学校の教科・科目の約3割が削減されたことを起因としている。この学習内容の削減に対して社会で学力面での不安感情が生まれ，その後，学力低下が社会問題化された経緯がある。実態はどうであろうか。ここでは，2016（平成28年）度の全国学力・学習状況調査のなかで，総合的な学習に関する調査内容に関する項目と正答率との関係を見てみる。

図1-5は総合的な学習の時間において，教員が学習の過程を意識して指導をした頻度と国語と算数（数学）の正答率を示した結果であり，図1-6は児童生徒に対して総合的な学習の時間に，その学習過程である情報収集，整理，まとめ，発表という学習活動を行った頻度と正答率との関係を示したものである。いずれも2016（平成28年）年度全国学力・学習状況調査のデータをもとに筆者が作成したものである。いずれにおいても，総合的な学習の時間に，教員が学習指導をよく行っている，あるいは児童生徒が学習活動にきちんと取り組

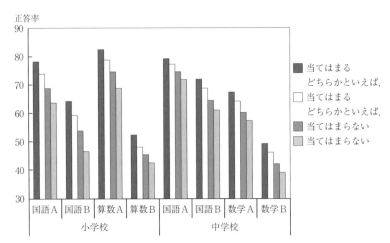

図1-6 総合的な学習の時間で，自分で課題を立てて情報を集め整理して，調べたことを発表するなどの学習活動に取り組んだ頻度と正答率との関係

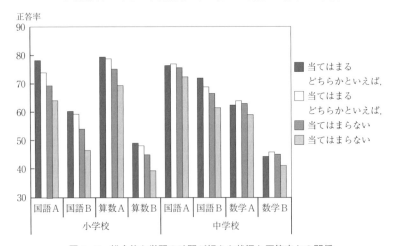

図1-7 総合的な学習の時間が好きな状況と正答率との関係

んでいる学校が，正答率が高いという明確な結果を示している。

さらに，図1-7は児童生徒に「総合的な学習が好きか」という質問に対する回答と正答率との関係を示した結果であるが，総合的な学習の時間が好きな児童生徒ほど回答率が高い傾向を示していることがわかる。とくに小学校にお

いてはその傾向が顕著に表れている。これらの結果から、総合的な学習の時間が効果的に実践されている、すなわち、課題に対して自ら考え、取り組み、その結果を発表する学習活動が、国語A、算数（数学）Aなどの基礎的・基本的な知識の習得のみならず、国語B、算数（数学）Bなど、それらの知識を応用する能力と強く関係していることが明確にわかる。このことからも、総合的な学習の時間においては、児童生徒が自ら主体的に学習活動に取り組むことが重要であるとともに、その学習活動に導く教員の指導力が重要であり、それらが学力に強く関連していることがわかる。

このように総合的な学習の時間は全国学力・学習状況調査の結果にも好影響を与えていることがわかるが、PISAの結果の改善にも効果を生み出している。OECD（2012）のPISA調査報告の「Developing and assessing problem-solving skills in Japan: Cross-curricular project-based learning」では、「日本はPISA2012で評価された全ての教科でトップかトップに近い成績を収めているが、問題解決力の成績においても例外ではない。…中略…この問題解決力の高さは、教科と総合的な学習（integrated learning activities）の中で、生徒が横断的なカリキュラムや生徒主体の活動に参加することに（日本が）注力してきたことが大きい。」と書かれており、総合的な学習の時間が本来の目的でもある問題解決スキルの育成において、PISAの中でも評価されている。

4　総合的な学習の時間を充実するための要素

新学習指導要領では、各学校が教育課程を編成・実施・評価・改善していくことが求められている。すなわち、図1-8に示すように、まず「何ができるようになるか」を定め、そのために「何を学ぶか」「どのように学ぶか」、その学びを実施するために、学校や、家庭、地域と連携して「何が必要か」を考え、実際に教育課程を進める中で「子ども一人一人の発達をどのように支援するか」、そして「何が身に付いたか」という学習評価が重要となる。これは各教科で求められるものであるが、これを総合的な学習の時間において、具体的に

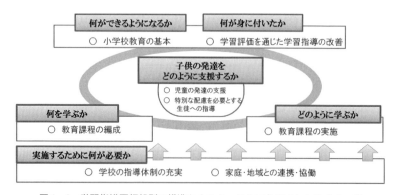

図1-8 学習指導要領総則の構造とカリキュラムマネジメントのイメージ
出典：文部科学省「幼稚園，小学校，中学校，高等学校及び特別支援学校の学習指導要領等の改善及び必要な方策等について」（答申）補足資料，9頁。

考えてみる。

　総合的な学習の時間の実施は，カリキュラムマネジメントの3つの側面である「教科横断的な視点」「PDCAサイクルの確立」「人的・物的資源の活用」を十分に生かしながら進めることができる。言い換えれば，進めることによって充実した教育が期待できるものである。この時，グラビンガーら（R. Scott Grabinger, et al., 1995）が「活動的な学習のための豊かな学習環境」の条件としてあげている下記の条件を，「実施するために何が必要か」を考える段階で組み込むことが重要である。それらは，① 学習者が責任とイニシアティブをとれる場を用意する，② 学習者にとって真実味のある学習の文脈を用意する，③ 協調的な学習の場を用意する，④ 生成的な学習が埋め込まれた学習とする，という条件である。

　ここで，これらの条件に即した具体的な事例として，米国のリンカーン小学校における「真正の問題の学習」（Baum et al., 2005）を取り上げ，そこから国内の総合的な学習の時間を充実するための課題を考えてみる。「真正の問題」となるテーマとは実在する問題を取り上げることであり，このようなテーマを見つける場合，子どもたちを取り巻く学校や地域の現状に即したもの，子どもの興味・関心のあるもの，教科カリキュラム内で実社会と関係の深い内容等と

いった視点から考えればよい。これらに関連する問題解決に向けて皆で取り組むことによって，グラビンガーの②，③の条件を取り込めることになる。ここで，さらに重要となるのは，学習の成果として得られた成果や結果が実社会で価値あるものとなる必要がある。これがグラビンガーの④の条件であり，やってもその成果が生かされないもの，意味のないものであっては，学習に対する意欲が減退する。

　リンカーン小学校の事例は第4学年を対象として「コンピュータグラフィックの会社を設立する」ことを課題としている。この学習では，会社設立に必要な役職を抽出し，ハワード・ガードナー（Gardner H.）の多重知能理論を基に，子どもたちをそれぞれの知能から，適すると考えられる役職に割り当て，役割分担させながら学習を進める過程がとられている。子どもたちにとって会社設立に必要な知識がないため，実際の実業家や専門家を招いて子どもたちに説明や助言をする機会を設ける，必要な知識を社会科，国語，算数の授業で習得させていく，あるいは，さらに新たな知識を獲得していくといった深い学びを支援していくという教育課程になっている。この役割設定は，グラビンザーの①の子どもに責任とイニシアティブを与えることになり，非常に重要な要素となる。役割によって課題解決に必要となる知識・能力が明確になるからである。この事例では，経営，広告・販売，グラフィック，会計，調査・開発といった役割が考えられ，それぞれの役割に必要な知識や能力を抽出して，既存知識の活用，不足している知識の習得などが行われている。

　この学習を図1-8のカリキュラムマネジメントに当てはめてみると表1-3のようになる（著者作成）。この事例で示す「真正の問題学習」も新学習指導要領のカリキュラムマネジメントに即した項目が含まれているがわかる。また「真正の問題学習」は国内の総合的な学習の時間と資質・能力の育成という面で非常に類似している。さらに，探究的な学習過程に着目すると，真正の問題学習では，「問題の特定」「論点の明確化」「学習目標・計画の策定」「役割分担」「仮説立脚」「データ・情報収集」「分析」「結論」「発表」「評価」の学習過程が実践されている。一方の総合的な学習の時間における探究的な学習の過程

表1-3 「真正の問題」学習のカリキュラムマネジメントへの対応

何ができるようになるか	社会科の知識（社会構造，労働力の分配，権力と資源の配分など）の応用や習得 算数の技能（分数，割合，収支計算など）の応用 コミュニケーション技能の向上 コンピュータスキル（グラフィックデザイン，ワープロ処理など）の習得
何を学ぶか	コンピュータグラフィックによる製品の設計・製造，製品を販売するためのパンフレットの製作と発行，製品の販売過程の調査の実施
どのように学ぶか	外部の専門家のアドバイスを基に，子どもたちでブレーンストーミングし，課題である会社設立に必要な役職を決定し，役割を分担 社会科，国語，算数の授業時間を使って，課題解決に必要な知識・概念を習得
実施するために何が必要か	会社運営，専門的な役職に関する専門知識・技能を有する保護者や地域の人材の確保 多重知能理論に基づき，子どもたちの役割と分担を決定し，子どもたちによる協調学習の実施
子どもの発達をどのように支援するか	会社経営者等の外部専門家による説明，アドバイスを子どもたちに提供
何が身に付いたか	教師による観察，学習記録，成果（プロダクト），自己・相互評価による資料を基に「なにができるようになるか」に書かれた項目等について評価

は，① 課題の設定，② 情報の収集，③ 整理・分析，④ まとめ・表現で構成されている。「真正の問題学習」の方が細かく分かれてはいるが，国内の総合的な学習の学習過程に対応している。すなわち，問題発見解決能力を育成する探究的な学習過程は同じであるということである。「真正の問題学習」では前述したように役割分担を行うにあたって，多重知能理論，すなわち子どもたちの知能を考慮して役割分担を行っている点が国内の総合的な学習の時間と異なる。多重知能理論を活用している理由は，子どもたちそれぞれが有する長所や短所を活用させることができる，グループで議論させる際に異なる知能間における相互作用を活性化させるなどが目的とされている。国内では多重知能理論の活用はそれほど行われていないが，総合的な学習の時間で子どもたちの能力を生かす視点で，有用であるとの提言がなされている（中野，2012）。

読者に探究的な学習を進める学習過程が理解されたことを期待するが，探究的な学習が繰り返されるためには，単に学習がすんなり直線的に進むのではなく，進んだり戻ったり，スパイラル的に進む学習であることが重要である。戻るときに考える力が必要になり，そこに生成的な学習がなされるからである。子どもたちが真剣に取り組める真正な問題を設定し，グラビンガーの「活動的な学習のための豊かな学習環境」の4条件を満たし，カリキュラムマネジメントの各項目に対応した内容を計画し，探究的な学習過程に即した流れで学習していくことが重要である。これらは，現在の総合的な学習の時間の中で盛り込むべき課題ともいえる。

引用文献

R. Scott Grabinger and Joanna C. Dunlap (1995) "Rich environments for active learning: a definition," *Research in Learning Technology*, Association for learning technology, pp. 5-34.

市川伸一（2016）「新課程が目指す「育成すべき資質・能力」」，『新教育課程ライブラリー』Vol. 2, 18-21頁。

Susan Baum, Julie Viens, and Barbara Slatin (2005) "Multiple Intelligences in the Elementary Classroom," Teachers College Columbuia University New York, pp. 97-112.

スペンサー，L. M.・スペンサー，S. M.，梅津祐良・成田攻・横山哲夫訳（2001）『コンピテンシー・マネジメントの展開——導入・構築・活用』生産性出版。

中央教育審議会（1996）「21世紀を展望した我が国の教育の在り方について（第一次答申）第1部　今後における教育の在り方」
　http://www.mext.go.jp/b_menu/shingi/chuuou/toushin/960701c.htm（2017年12月25日確認）。

中野真志・柴山陽祐（2012）「多重知能理論に基づいた真正の問題の学習に関する研究——総合的な学習の時間への活用を志向して」『愛知教育大学教育創造開発機構紀要』Vol. 2, 47-56頁。

OECD (2012) *"PISA 2012 Results: Creative Problem Solving: Students' Skills in Tracking Real-Life Problems"*, Volume V, p. 124.

松下佳代（2011）「〈新しい能力〉による教育の変容——DeCeCoキーコンピテンシーとPISAリテラシーの検討」『日本労働研究雑誌』，39-49頁。

文部科学省（2008）「小学校学習指導要領解説　総合的な学習の時間編」6頁。

文部科学省（2016）「幼稚園，小学校，中学校，高等学校及び特別支援学校の学習指

導要領等の改善及び必要な方策等について（答申）補足資料」9頁。

>[!NOTE] 学習の課題
> (1) 学年を設定して「総合的な学習の時間」を計画してみよう。その際に，図1-8で示した6つの項目について具体的に考えてみよう。
> (2) 総合的な学習の時間に情報収集，整理，まとめ，発表という学習活動を行った児童生徒ほど全国学力テストの正答率が高い理由を自分なりに考察して，これらを総合的な学習の時間にどのように組み込むかを考えよう。

【さらに学びたい人のための図書】

田村学ほか編（2009）『リニューアル総合的な学習の時間』北大路書房。
　⇨2008年の総合的な学習の改訂に伴い書かれた書籍で，総合的な学習により育てる力や学校での取り組み，さらに諸外国の総合的学習の動向がまとめられている。

田中耕治ほか（2011）『授業づくりと学びの創造』学文社。
　⇨知識基盤社会において高度専門職業人としての教師に求められる「授業づくり」がまとめられている。とくに第3章は「総合的な学習の時間」の目的を実現するために必要な教師の指導性が書かれている。

ハワードガードナー，松村暢隆訳（2001）『MI：個性を生かす多重知能の理論』新潮社。
　⇨多重知能理論の提唱者による著作であり，理論の解説，学校における多重知能の活用，多重知能理論学習法などがわかりやすくまとめられている。

（篠原正典）

第2章 戦後の学習指導要領にみる総合的な学習

この章で学ぶこと

　画一的で注入的な国家主義的教育から脱却し，民主主義国家・社会の形成者に求められる資質や能力をいかに育成していくかが課題となった戦後初期。「試案」としての学習指導要領を参照しながら，子どもたちや地域の実情に合わせた自由で自主的なカリキュラムの開発が期待された。この時期に全国各地で，地域社会の課題をコア（中核）として，学校教育全体を通じてその解決に取り組む「コア・カリキュラム」が開発され，実践された。「総合的な学習の時間」の源流ともいうべき，戦後初期のコア・カリキュラムを取り上げ，① 目標の設定，カリキュラム編成の視点，② 学習指導の実際，の二点から検討し，その特質や課題から今日的な示唆を導き出したい。

1　総合的な学習の時間の源流

　私たちは，大学で教職課程を履修するまでに，児童生徒として，10年以上の被教育経験を有している。「学校で何を学んだか？」と問われると，ほとんどの人は，国語や数学などの教科の学習を思い浮かべると思われる。一方で，「なぜそれらの教科を学ばなければならなかったのか？」と問われると，多くの人は答えに窮するのではないだろうか。「受験のために必要だったから」「時間割で定められていたから」といった答えしか思い浮かばないこともあるかもしれない。このように，学習内容が直接的に生活上のニーズと結びついていると考えられている教科・科目は少ないのではないだろうか。

　「なぜ学ぶか？」この問いは学習者である子どもたちにとって，極めて重要な問いであるにもかかわらず，各教科・科目の学びは，ともすれば所与のもの

とされがちであり，それらを「学ぶ意義」が見えにくくなっている現状がある。2017（平成29）年（小・中学校），2018（平成30）年（高校）に告示された学習指導要領においては，「何を教えるか」だけではなく，その結果として「何ができるようになるか」といった学習者の視点を重視している。また，「社会に開かれた教育課程」の実現を理念として掲げている。そのような中で，学習者である子どもたちや社会的に意義ある学習を提供していくことが求められている。

　以上のような意味において，今日，総合的な学習の時間に寄せられる期待は大きい。学校教育に課せられた使命の一つは，社会の担い手として必要とされる資質や能力を伸長させるところにある。つまり，現実社会が直面する様々な課題の解決に対して，主体的・協働的に取り組み，そのための方途を構想していける能力の育成が求められている。現代社会が直面する課題は複雑なものであり，それらを学校教育において取り上げていこうとすれば，その学習は，自ずと教科や科目の枠を超えた広範囲な「総合学習」となるだろう。そもそも総合的な学習の時間とは，学習指導要領上の「時間」を指す固有な名称であるが，それは「子どもの興味・関心と地域や学校の特性の重視，現代社会における生活実践課題の例示（国際理解，環境，情報，福祉・健康），教育課程上，生活科の発展と位置付けられたことなどから，総合学習の一種と見なすのが穏当であろう」とされている（寺尾，1999，283頁）。

　その一方で，総合的な学習の時間が初めて設定された1998（平成10）年告示の学習指導要領以降，各教科・科目とは別に総合的な学習の時間が設定されているため，それぞれの学習が別々のものとして捉えられがちである。しかし，本来的には，学校教育全体を通じて，子どもたちに育成したい資質や能力を中核にしながら，各教科・科目の学習が総合されていくことが，「総合学習」としての総合的な学習の時間の望ましいあり方であろう。このようなカリキュラムのあり方は，知識を重視し学問や知識のまとまりを軸に教科を定立させた「教科カリキュラム」に対して，「コア・カリキュラム」と呼ばれている。

　「コア（core）」とは，中心や中核を意味する語であり，「コア・カリキュラム」とは，一般的に，現実生活の問題解決を図る「中心課程＝コア」と，その

ために必要とされる知識や技能を学ぶ「周辺課程」から構成されたカリキュラムを意味する。また,「中心課程」を意味する「コアとしてのカリキュラム」を指す場合,そのような「中心課程」を中核に据えて,周辺にそれに関連付けられた他の課程を配したカリキュラム全体,すなわち「コアのあるカリキュラム」としての意味も含む（日本社会科教育学会, 2012, 62頁）。

「コア・カリキュラム」の理論的支柱として著名なアメリカの教育哲学者であるデューイ（Dewey, J.）は,以下のように述べている。

 もし全体としての学校が全体としての生活と関連せしめられるならば,学校の種々の目的や理想－教養・訓練・知識・実用－は,もはやこの一つの目的ないし理想にたいしてはこの一つの学科を選び,他の一つの目的ないし理想にたいしては他の一つの学科を選ばねばならぬというような個々ばらばらなものではなくなるであろう。 （デューイ, 1957, 95頁）

デューイは,学校を知識の注入と暗記を強いるような受動的な学習の場ではなく,子どもたちが能動的に学習活動を行い,反省的に思考する中で主体的に知識を習得していく場であると考え,自ら問題を発見し,仮説生成－検証のプロセスを試行錯誤的に繰り返していく中で,主体的に問題を解決していける能力を身に付けることを目指した「問題解決学習」を提唱した。

上記のようなデューイの教育理論は,アメリカの占領下にあったわが国の戦後教育改革に大きな影響を与えた。1947（昭和22）年に示された最初の学習指導要領,続いて1951（昭和26）年に示された学習指導要領は,戦前の画一的で注入的な国家主義的教育から脱却し,子どもたちや地域の実情に合わせた自由で自主的にカリキュラムが編成されることを期して,そのための参考資料となるよう,「試案」として示された。そしてこの時期,「子どもたちの生活上の課題」や「地域社会の課題」などをコアとして,全国各地で特色あるカリキュラムが生み出されていった。このようなユニークな取り組みが展開された戦後初期は,わが国の学校教育の歩みの中において,特筆すべき時期であるといえる。

以上のように,1998（平成10）年に示された学習指導要領における総合的な学習の時間の制度的な成立以前においても,わが国においては,その理念に適

うカリキュラムが存在し，実践されていたことがわかる。そこで本章においては，今日の総合的な学習の時間の源流ともいうべき，戦後初期に生み出されたコア・カリキュラムの実際，そこに内在した特質や課題を振り返ることで，総合的な学習の時間が目指すべき方向性について示唆を得たい。（以下，旧字体，旧仮名遣いを改めた箇所がある。）

2　戦後初期におけるコア・カリキュラムの実際

（1）社会科を「コア」とした戦後初期の学習指導要領

　戦後初期の特色あるカリキュラムを取り上げる前に，その前提となる「試案」としての学習指導要領について触れておきたい。戦後初期の学習指導要領においては，子どもたちを取り巻く生活上の課題や地域社会の課題の解決を主たる学習内容とした新教科「社会科」をコアとしていくことが想定されていた。

　最初の社会科の学習指導要領における『学習指導要領社会科編Ⅰ（試案）』は，アメリカのコア・カリキュラムの典型とされるヴァージニア・プランをもとに策定された。そこでは，社会科の性格について，「いわゆる学問の系統によらず，青少年の現実生活の問題を中心として，青少年の社会的経験を広め，また深めようとするもので」「学校・家庭その他の校外にまでも及ぶ，青少年に対する教育活動の中核として生まれて来た，新しい教科」（文部省，1947，3頁）とされていた。また，「社会科と国語・数学・理科等のような併立している科目との関係はどうであろう。これらは内容の上からきっぱりと社会科と区別して考えることは，かえって不自然であるように思われる。ただ，しいて区別すれば，各科のめざしているものの違いがあるというだけにすぎない。それゆえ，社会科の授業の中に，他の教科の授業がとり入れられ，また他の授業の際に，社会科のねらいが合わせて考慮されることは，当然のことであり，かえってその方が望ましいのである」（文部省，1947，3～4頁）ともされていた。

　しかし，同年に示された『学習指導要領　一般編（試案）』においては，社会科は必ずしも明確にコアとして位置づけられずに，並列された教科の一つと

して，週4-6時間が配当されるだけであった。それゆえ，『学習指導要領社会科編Ⅰ（試案）』の理念を実現させようとすれば，時間数の不足が生じることになる。また，一教科としての社会科が，他教科の学習内容を含み込むコア・カリキュラムとしての性格を有していたがゆえに，重複が生じたことなどの矛盾が表面化されることになった（平田・初期社会科実践史研究会，1986，32頁）。

　このような状況の中で，生活主義・児童中心主義の大正自由教育の遺産やアメリカからの新教育理論の影響などを受けて，各地で自主的に「地域教育計画」が作成されることになり，その多くがコア・カリキュラムの形態をとっていた。この時期に地域教育計画として生み出されたコア・カリキュラムの代表例が，埼玉県川口市内の小・中学校を中心に取り組まれた「川口プラン」であり，広島県豊田郡本郷町内の小・中学校を中心に取り組まれた「本郷プラン」である。これらの地域教育計画は，地域の実態調査から導き出された社会機能別の地域社会の課題の解決策を，文化財としての知識を活用しながら，児童生徒たちに考えさせていこうとするものになっていた（小原，1998，306頁）。以下，これらのプランについて見ていくことで，戦後初期のコア・カリキュラムについての理解を深めていこう。

（2）川口プラン

　1946（昭和21）年から1947（昭和22）年にかけて，埼玉県川口市内の小・中学校を中心に取り組まれた川口プランは，戦後最も早い時期に示された地域教育計画型のプラン（計画）として有名である。

　1946（昭和21）年3月から4月にかけて，アメリカ教育使節団の来日があり，その報告書をもとに，教育制度や教育内容が全面的に改変されていくことになった。川口市ではそうした状況に対応するため，市長の高石幸三郎，助役の梅根悟らが中心となって，市内の全教員を網羅した「川口市新教育研究会」が発足した。そのもとで，新教科である社会科（その時点では「社会科」の名称は明らかになっていない）の構成や運営を研究課題とした「社会科委員会」が発足し，この川口市社会科委員会が，当時，東京大学教授であった海後宗臣を中心

とする，中央教育研究所の指導のもとに構想したのが，川口プランである。それは，文部省の「社会科」新設に先行するものであった。

① 目標設定，カリキュラム編成の視点

川口プランは「川口の生活現実とそれが有する課題とを正しく理解し，その発展のために働く情熱的態度とそれにふさわしい知識と能力とを有する実践者の育成を社会科の目的とし…(中略)…新な川口社会の建設を目指して実践する如き市民の形成を期しているのである」(中央教育研究所・川口市社会科委員会，1947，46～47頁)とされ，「実践的人間」の育成を目指したものであった。理論的指導にあたっていた海後宗臣は，川口市の社会科における内容編成のあり方について，以下のように述べている。

> 教育内容がその学校の所在している土地の生活現実から構成されなければならないということは動かし得ない教育の原則である。これを如何に実現するかが我々に課せられている内容構成の仕事である。然るに我国では今まで教育内容について極めて厳重な中央統轄の方策がとられていた為に，こうした教育内容編成の原則を一応は認めてはいたが，全くとりあげられる余地がなかった。その結果として多くの場合教育内容が生活現実から離れて力を喪失するという実情にあった。これはどうしても改められなければならない点である。　(中央教育研究所・川口市社会科委員会，1947，8頁)

また，海後は「教育の自律的な主体が立てられた際に，教育的内容は如何にして構成せられるべきであろうか。内容編成の企画はその土地の生活現実から着手して先ず進められ，これがその地域のものとして体系づけられなければならないのである。何を学習内容とすべきかは，その土地の生活がこれからどんな課題の解決をしようとしているかによって決定される」(中央教育研究所・川口市社会科委員会，1947，10頁)とも述べている。

このような理念の下，プランの立案に先立って，内容編成の基礎としての社会調査が徹底して行われた。その調査内容を踏まえ，一般市民も含めた「目的委員会」における議論を通して，「川口市を文化的工業都市として建設する」という，一般的目的（＝川口市の今後の課題）が設定され，さらに，その達成に

第 2 章　戦後の学習指導要領にみる総合的な学習

表 2 - 1　幸町小学校社会科学習課題表（昭和22年度）
—第 4 学年—

4月	5月	6月	7月	9月	10月	11月	12月	1月	2月	3月
自治会と委員会	青物市場	川口の下水	鋳物工場	い物の材料	道と橋	燃料	消防署	家の行事	交通安全	お祭

出典：中央教育研究所・川口市社会科委員会，1947，54～55頁（折込）より筆者作成。

向けて，「生産，消費，健康，娯楽，教養，政治，家庭，交通，通信，保全」といった，川口市の社会機能別の課題が明示されていった。

　このように設定された川口市における諸課題をスコープ（＝領域・範囲）に，児童生徒たちの心理的発達をシークエンス（＝配列）として，社会科における具体的な学習課題が設定され，市内の小・中学校別の「学習課題表」が示された。たとえば，幸町小学校の学習課題表においては，第 4 学年には，表 2 - 1 のような学習課題が示されている。

② 学習指導の実際

　学校別の学習課題表に基づいて，具体的な単元が実践されていった。たとえば，本町小学校で実践された第 3 学年の単元「町の清潔」の展開は表 2 - 2 のようになっている。表 2 - 2 からは，単元全体が，公衆衛生に関わる川口市の課題を解決していくために，自分たちにできることを考える展開になっていることがわかる。

　川口プランにおいては，社会問題，とりわけ地域社会の課題を解決するための学習が展開されるようになっており，そのような学習を通して，「単なる既成知識の伝達を中心とするものでなく，又生活と切り離された実践を強要するものでもない。現実の場面に生活させることにより，生徒自らの力によってこれを理解し，その課題を発見し，これを解決すべき実践的態度と知識技能とを獲得せしめる」（中央教育研究所・川口市社会科委員会，1947，47頁）ことが目指されていた。

表2-2 第3学年単元「町の清潔」の展開

題目　町の清潔			
主眼　公衆衛生を理解させその実行をさせる			
目的　内容	問題	方法　材料	摘要
1　不潔な場所は人体にどんな影響をあたえるか A　不潔な場所の理解 B　伝染病はどこから出るかその原因についてしらべさせる C　媒介物の蠅蚊につき対峙することの必要を痛感させる	1　今日は川口の町をいろいろ見て歩きどんなところがきたないかを調べてみましょう イ　図を見ると川口の町はきれいだと思いますか ロ　どんなところがきたないか 2　これらはどんな害があるでしょう 　きたなく不潔にしておくとなぜいけないのですか	見学しつつ地図に現わす イ　どんなところ／どんなものを調べる ロ　下水上げどろ・はきだめ・公衆便所・道路の砂ぼこり ハ　害の経路をわからせる／経路を示す絵を用いて行う ニ　特に蚊蠅が病原菌の媒介ほこりは空気をよごし気管をわるくすることを学ばせる（絵まきものを用いる）	二時間
2　世の中の人々がこれらのごみをどう処理するかについて考察 A　下水あげどろ B　はきだめ C　道路の砂ぼこり	1　体に悪いこれ等のものをどうしたらよいでしょう イ　下水掃除やその下水はどうなって行くのでしょう ロ　はきだめのごみはどうなるのでしょう ハ　ほこりはどんな害があるか　どうしたらよいか	児童の作品を用いて発表させる イ　絵と文にしたものの発表 ロ　絵と文による紙芝居 ハ　道路工事が多いことより調べる　水まき車	二時間
3　町をきれいにするための協力はどんなことがあるかをわからせる A　家での実行すべきことはどんな事があるかを考えさせる B　学校ではどんな事をしたらよいか考えさせる C　道を歩く時のこと	1　町をきれいにするには私達はどんなことをすればよいか イ　お家にいる時は何をしたらよいでしょう ロ　学校ではどんなことをすればよいでしょう ハ　道を歩いている時はどんなことをすればよいでしょう	衣服の清潔 うがい 手を洗う（食前・食後及帰宅時） 入浴 自分の家やその周囲に関する掃除 掃除道具の後始末 豚の飼料集めをきれいにする 紙くずを拾う 道路にたんやつばをしない 立小便をしない	一時間

出典：中央教育研究所・川口市社会科委員会，1947，100～101頁（折込）より筆者作成。

以上のように，地域社会の実践者の育成を目指した川口プランは，「社会科を従来の歴史，地理，公民の諸教科の単なる総合として考えたのではない。郷土における実践者の形成のための教育内容という点から現実の具体的な課題を提出し，これを現実の場面で学習するという形をとって必然的に総合的なものとなったのである。」（中央教育研究所・川口市社会科委員会，1947，47頁）とされているように，地域社会の課題解決をコアとした，社会科を対象としたコア・カリキュラムとなっていた。

（3）本郷プラン

 本郷プランは，1947（昭和22）年6月から1952（昭和27）年頃にかけて，広島県豊田郡本郷町とその周辺の町村の学校で取り組まれた。東京大学教授の大田堯を理論的指導者として，東京大学文学部教育学科におけるカリキュラム研究の蓄積を踏まえ，教師や地域住民たちが協同で取り組んだ地域教育計画の代表的実践として知られている。川口プランが「社会科」という個別教科を対象として示されたのに対して，本郷プランは，学校教育全体のカリキュラムを通じて，教育による地域社会の改造を目指したものであった。その意味で川口プラン以上に，コア・カリキュラムの理念に適うものであったといえる（平田・初期社会科実践史研究会，1986，210頁）。

 本郷プランの作成にあっては，地域社会の実態把握と課題明確化のための徹底した社会実態調査とともに，地域住民の組織化を目的とした「教育懇話会」と，産業部会，政治部会，教育部会，文化部会，衛生部会，家庭部会から成る専門部会の活動を通して教育計画が作成されており（日本社会科教育学会，2012，299頁），学校だけにとどまらずに，地域ぐるみの活動によって構想された点は，川口プランと共通している。

① 目標の設定，カリキュラム編成の視点

 本郷プランは，「我々は余りにも封建的服従的人間を作るための教育方式に馴れすぎている。我々がこの教育方式を徹底的に打破して，近代的民主革命の一環としての教育方式を打ち立てる」（大田，1949，6頁）と大田堯が述べてい

るように,「前進性」「民衆性」「科学性」を柱とした「近代的人間」の育成を目指したものであり,「子供達を我々と共に住むこの社会生活の中で正しく活動させ,我々を含めたこの社会の現実の改造に参与させ」る（大田, 1949, 68頁）ことを目指したものであった。また,「子供達の周辺にある問題を解決するために様々の子供の経験を超えた文化財を取入れてやる」（同, 69頁）「文化財の伝達を子供が必要とするのは,今日のこの子供の生活問題を解決する手段として」（同, 70頁）とされているように,「文化財（＝知識）」の伝達に終始するのではなく,地域社会の課題を解決するために必要となる実践的な知識の獲得が目指されていた。

　本郷プランにおいても、川口プランと同様に、学校ごとの課題表が作成されており、それは「政治・教育・文化・衛生・家庭・産業」といった社会機能をスコープとし、児童生徒たちの心理的発達の状況をシークエンスとして作成されていた。シークエンスとしての発達段階は、「心理的一般的傾向」「生活圏」「文化段階」「強調すべき概念」「方法上の重点」といった項目から構成されており、このうち、「心理的一般傾向」として、「自己中心的、動くものに興味を持つ（1年）」「自己中心的（2年）」「自己と周囲にあるものとの関係を実際に見たり聞いたり出来る場合はその関係を理解できる（3年）」「自然との区別を感じ始める（4年）」「人間相互の依存関係を理解し始める（5年）」「人間相互の関係の理解集団としての意志表示が可能になる（6年）」などが示され（大田, 1949, 84頁）、たとえば、本郷小学校における学習課題表の内、第4学年の「教育」の部分については、表2-3のようになっている。

　川口プランが、地域社会の社会的機能別の課題をそのまま取り上げ、解決方策を考えさせようとしたのに対して、本郷プランの場合は、「社会の課題は子供の興味や衝動に方向性を与えるものであるが、それは子供の興味や衝動の無視の上には決して成立しない。これは既に社会の課題たるの本質を失っている。そうでなくては、子供は単に社会や大人の強制に服するのみであり、教育は強制となる」（大田, 1949, 75～76頁）と捉え、「地域社会の中で切実にその解決がのぞまれている生活問題の中で、子供が子供としてその解決に参与出来るよう

第2章　戦後の学習指導要領にみる総合的な学習

表2-3　本郷小学校学習課題表―第4学年（一部）―

学年		教育	
		学　校	社　会
4		四月上旬―五月上旬	九月上旬―九月下旬
	話題	よい学校	部落常会
	教師の目標	学校環境を一層よくするための工夫	部落に於て児童が互にみがき合うための工夫
	児童の課題	よい学校をつくるにはどうしたらよいか	お家の近くの友だちと一しょに仲良く学習するにはどんなにしたらよいか

出典：大田，1949，90～91頁（折込1）より筆者作成。

な生活活動の配列がなされなければならない」（同，71～72頁）とされており，地域社会の課題の中で，子どもたちが解決に取り組めそうな問題を実践的に解決させることを志向したものになっている。

② 学習指導の実際

　本郷プランにおいては，学校教育全体のカリキュラム編成は，社会科・自然科・芸能科・国語科・算数科といった具合に，教科並列的であるが，一つの単元の中で，それぞれの教科が問題の解決のために相互関連的に展開するようになっている（小原，1998，321頁）。たとえば，本郷小学校の学習課題表においては，「衛生」というスコープに対応して，第4学年の6月中旬から7月下旬にかけて，単元「予防注射」が設定されており（大田，1949，90～91頁 折込1），この単元については，表2-4のような学習指導案が示されている。

　単元全体については，「人々が協力して病気を防ぐためにどんな工夫がなされているか」という教師の目標が設定されており，そのために児童が解決に取り組む課題として，「私たちが協力して病気を防ぐにはどうしたらよいか」という問いが設定されている。表2-4は単元「予防注射」の導入部における学習展開を示したものであるが，ここでは「梅雨にはどんなことが起こるのか」という問いに基づいて，梅雨時期に病気が多く発生する理由について考察して

31

表2-4　4年学習指導案　予防注射（一部）

教師の目標：人々が協力して病気を防ぐためにどんな工夫がされているか 児童の課題：私たちが協力して病気を防ぐにはどうしたらよいか							
学習内容	学習問題	社会科		自然科		芸能科	
^^	^^	問題	学習活動	問題	学習活動	問題	学習活動
梅雨期の衛生状態（天気と衛生）	梅雨期にはなぜ病気が多いか	1 梅雨にはどんなことが起こるか	1　話合い 2　発表会 A　科学部 　梅雨現象について 　　雨量 　　晴雨表 　　乾湿 B　健康部 　最近の衛生状態 　　病気しらべ 　　出欠表 　　外傷数 C　教師 　昨年度の梅雨期前後の気象をグラフに表わして発表		雨量計の見方乾湿計の見方の説明		音楽　田植
^^	^^	2 なぜ病気が起るか	3　話合い ──→		─発表まとめ─ A　ばいきんが繁殖しやすい B　雨が多いので運動が不足しやすい C　衣服が乾燥し難いから不衛生になり易い	→	図表にまとめる（説明文） B　雨天のために運動できない子供の図 C　乾燥しにくい洗濯物の図乾燥しにくい衣類を着る図

出典：大田，1949，215〜219頁（折込10）より作成。

いくように計画されている。考察の過程では，社会科・自然科・芸能科が相互に関連しながら，学習が展開していくようになっている。

以上のように，本郷プランにおいては，各教科が総合し，学校教育全体を通じて，地域社会の課題に連なる子どもたちの生活上の課題の解決に向けた学習が行われるように計画されている。その意味で，わが国におけるコア・カリキュラムの典型として，今日においても高く評価されている。

3 戦後初期におけるコア・カリキュラムが示唆するもの

これまで見てきたように，学習指導要領を「試案」として，自由に自主的なカリキュラムが編成され，実践されていた戦後初期に対して，昭和30年代以降，学習指導要領に法的拘束力が認められ，それに準拠した教育が求められるようになり，学習指導要領や検定教科書などに示された内容（知識）を伝達することに重点が置かれがちとなった。しかし，総合的な学習の時間導入のきっかけとなった，1996（平成8）年の中央教育審議会第一次答申が示した「今後の急速に変化する社会に対応して生きる力を育む」という方向性は，各学校が児童生徒，学校や地域の実情を踏まえてカリキュラムを編成していくことを促すものであった。このような理念に立ち戻り，「総合的な学習の時間」のプログラムを構想しようとすれば，どのようなことを意識すればよいのだろうか。

本郷プランにおいては，「単元の構造」として，図2-1が示されており（大田，1949，109頁），単元構成の過程について，「先ず単元の背景にある社会生活の課題の検討から出発して，児童生活の実態との連関から，単元として示されている子供の課題を解決するためのいくつかの学習課題を編成し，次にこの学習問題の解決過程を通して教師は如何なる学習内容を与えたらよいかを検討し，つづいてこの学習内容を与えるのに必要な文化財の配列，これに即した子供の予定される生活活動の配列が行われる点が，本質的な過程を構成するように考えられる」（大田，1949，109頁）とされている。先述した通り，2017（平成29）年（小・中学校），2018（平成30）年（高校）に告示された学習指導要領において

図2-1 本郷プランにおける単元の構造

は、「社会に開かれた教育課程」の実現が目指されている。図2-1に示されているような、社会の課題と子どもたちの学習との連関を意識したカリキュラム編成や単元構成のあり方は、今日においてこそ意識されるべきものであると言えよう。

「社会に開かれた教育課程」を実現するためには、カリキュラムの「社会的レリバンス（意義）」を高めていく必要があり、そのために「真正の学び」という概念が注目されてきている。「真正（authentic）」とは、「本物」を意味する語である。真正の学びの条件の一つとして、「学びが学校の外で価値を持つ」ことがあげられるが、これは、単に子どもたちの身近な社会の出来事から学習内容を引き出すといったことを意味するだけでなく、子どもたち自身がその学習を「学校の外での価値」に基づくものとして捉えていくことを意味している（ニューマン、2017、304〜307頁）。たとえば、こうした学びを意識して、高校生が市民や大学生とともに地域課題について考え、解決策を提案するワークショップを中心とした主権者教育のプログラムが開発され、実践されている例もある（桑原、2017、118〜135頁）。このような取り組みに見られるように、真正の学びを意識し、子どもたちが地域の人々と一緒になって地域社会の課題に取り組んでいくという方向性は、戦後初期におけるコア・カリキュラムを彷彿とさせるものであろう。

一方で、戦後初期の経験主義的な教育のあり方に対しては、「学力低下」「適応主義」「はいまわる経験主義」といった批判がなされ、結果として、昭和30

年代以降，教科カリキュラムによる系統主義的な教育のあり方へと転回していくことになった（水原，2010，97〜138頁）。実際，子どもたちが提案する解決策は，多くの場合，常識的で現状肯定的なものにとどまりがちであるため，各教科等で身に付けた見方・考え方を，総合的な学習の時間において働かせるだけでなく，そこでの学びの経験を踏まえた上で，再び各教科等の学びに立ち戻っていく中で，子どもたちの見方・考え方を広げ，深めていくことを意識する必要がある。そのためにも，川口プランや本郷プランに見られたような，教育活動全体のカリキュラムをデザインし，マネジメントする発想が大切になる。

また，現実社会の諸課題のすべてを教育の力でもって解決していくことは困難であるため，学校教育以外の社会の諸領域における直接的な対処が不可欠であることはいうまでもない。それゆえ，「社会に開かれた教育課程」の実現を目指す今日においては，カリキュラムの社会的レリバンスの追究とともに，その限界を見極めること（本田，2015，38〜39頁），その上で，学校教育として何をどこまで目指すのかを明確にしていくことが求められる。

真正な学びを意識しつつ，社会的レリバンスを追究した総合的な学習の時間のプログラムを構想していこうとすれば，戦後初期におけるコア・カリキュラムに見られたような，地域社会の課題を取り上げその解決の方途を探るという学習のあり方は，一つのモデルとして，今日においても有効であろう。その一方で，地域運動とは一線を画し，あくまでも学校教育の一環として行う探究活動として，そのような活動を通して育成できる（すべき）資質・能力とは何かということについての教育的な見通しや戦略をもつことが重要である。

引用文献
大田堯（1949）『地域教育計画 広島県本郷町を中心とする実験的研究』福村書店。
小原友行（1998）『初期社会科授業論の展開』風間書房。
桑原敏典編著（2017）『高校生のための主権者教育実践ハンドブック』明治図書。
中央教育研究所・川口市社会科委員会 共編（1947）『社会科の構成と学習――川口市案による社会科の指導』金子書房。
寺尾慎一編（1999）『生活科・総合的学習重要用語300の基礎知識』明治図書。
ジョン・デューイ，宮原誠一訳（1957）『学校と社会』岩波文庫。

日本社会科教育学会編（2012）『新版　社会科教育事典』ぎょうせい。
フレッド・F・ニューマン，渡部竜也・堀田諭訳（2017）『真正の学び／学力——質の高い知をめぐる学校再建』春風社。
平田嘉三・初期社会科実践史研究会編著（1986）『初期社会科実践史研究』教育出版。
本田由紀（2015）「カリキュラムの社会的意義（レリバンス）」東京大学教育学部カリキュラム・イノベーション研究会『カリキュラム・イノベーション　新しい学びの創造へ向けて』東京大学出版会，27〜40頁。
水原克敏（2010）『学習指導要領は国民形成の設計書　その能力観と人間像の歴史的変遷』東北大学出版会。
文部省（1947）『学習指導要領社会科編Ⅰ（試案）』。

―学習の課題―

(1) 今日，どのような地域社会の課題が「総合的な学習の時間」のコアになり得るだろうか。自分が居住している地域社会の課題をあげてみよう。
(2) 戦後初期のコア・カリキュラムの特質や課題から，今日の私たちが「総合的な学習の時間」のプログラムを構想する際，学べることをあげてみよう。

【さらに学びたい人のための図書】
大田堯（1949）『地域社会と教育』金子書房。
　　⇨『地域教育計画』とともに「本郷プラン」の全体像を知ることができる。
中央教育研究所（1947）『社会科概論』金子書房。
　　⇨『社会科の構成と学習』とともに「川口プラン」の全体像を知ることができる。
J・デューイ著・宮原誠一訳（1957）『学校と社会』岩波文庫。
　　⇨コア・カリキュラムの理論的根拠を知ることができる。

（角田将士）

第3章 総合的な学習の時間の教育課程と校内体制

この章で学ぶこと

　1998（平成10）年の学習指導要領改訂で導入された総合的な学習の時間について，教育課程上の位置づけや目標はどのように変化してきたのであろうか。また，学校での実践開始からおよそ15年が経過する中で，各学校ではどのような実践に取り組み，そこにはどのような課題があるのか。その課題を，2017（平成29）年の新学習指導要領では，どのように克服しようとしているのだろうか。さらに，総合的な学習の時間を充実したものとするために，各学校ではどのような校内体制を構築すればよいのか。

　本章では，総合的な学習の時間の具体的な年間指導計画や単元計画を作成するための基礎となる事項について学んでいきたい。

1　教育課程における総合的な学習の時間の位置づけ

　総合的な学習の時間は，小学校の第3学年以降に配置されている。表3-1，表3-2には，1998（平成10）年の導入以降の学校教育法施行規則別表に定められている小学校および中学校の授業時数等の変遷を整理した。

　表3-1および表3-2に見るように，1998（平成10）年の学習指導要領改訂の趣旨を端的に示す領域として導入された総合的な学習の時間は，当初，小学校，中学校ともに総授業時数の約10%を占める学習として位置づけられていた。特定の教科の枠では扱うことができない，教科横断的で，総合的なテーマを学習する機会を授業時数としても確保し，また，そこでは，児童生徒の主体的な探究活動を中心とした学びが構想されるなど，取り組みとしては先駆的なものであった。総合的な学習の時間の成否は，新しい時代に求められる学力（たとえば，キー・コンピテンシー，21世紀型スキル等）の獲得にも大きく影響すると考

表3-1 小学校における総合的な学習の時間の授業時数

		第3学年	第4学年	第5学年	第6学年
平成10年	総合的な学習の時間の時数	105	105	110	110
	総授業時数	910	945	945	945
	総授業時数に占める割合	11.5%	11.1%	11.6%	11.6%
平成20年	総合的な学習の時間の時数	70	70	70	70
	総授業時数	945	980	980	980
	総授業時数に占める割合	7.4%	7.1%	7.1%	7.1%
平成29年	総合的な学習の時間の時数	70	70	70	70
	総授業時数	980	1015	1015	1015
	総授業時数に占める割合	7.1%	6.9%	6.9%	6.9%

表3-2 中学校における総合的な学習の時間の授業時数

		第1学年	第2学年	第3学年
平成10年	総合的な学習の時間の時数	70〜100	70〜105	70〜130
	総授業時数	980	980	980
	総授業時数に占める割合	7.1〜10.2%	7.1〜10.7%	7.1〜13.3%
平成20年	総合的な学習の時間の時数	50	70	70
	総授業時数	1015	1015	1015
	総授業時数に占める割合	4.9%	6.9%	6.9%
平成29年	総合的な学習の時間の時数	50	70	70
	総授業時数	1015	1015	1015
	総授業時数に占める割合	4.9%	6.9%	6.9%

えられ，全国の学校ですぐれた実践が行われることが期待された。しかし，1998（平成10）年の学習指導要領改訂の時期は，全国を「学力低下論」が席巻しており，様々なデータから児童生徒の学力低下傾向が明らかにされる状況にあった。そのため，当時の議論としては，次世代の教育における総合的な学習の時間の本質的な意味や意義が積極的に評価されるよりは，「教科」学習に割り当てられる授業時数が削減されたことに議論の焦点があたる傾向にあった。これは，カリキュラム・ユーザーとしての立場に慣れた教員にとって，カリ

キュラム・デザイナーとしての資質が求められる総合的な学習の時間が扱いにくいものであったことにも起因しているとも考えられる。また，1998（平成10）年の学習指導要領において，総合的な学習の時間は，総則の中で規定されていた。2003（平成15）年の学習指導要領の一部改正では，配慮事項が明示されるなどの修正がなされてはいるが，導入当初は，趣旨やねらいが規定される程度で，具体的な目標や方法が不明確であったことは否めない。

　2008（平成20）年の学習指導要領改訂において，総合的な学習の時間は，道徳や特別活動と同様に，学習指導要領の一つの独立した章として規定されるようになり，その位置づけがより明確となった。具体的な学習内容は示されていないが，目標や課題の設定→情報の収集→整理・分析→まとめ・表現という探究のプロセスが示されるなど，より充実した内容が規定された。その一方で，総授業時数を増加させたことに大きな特徴のある改訂であったが，総合的な学習の時間の時数は，削減されることとなった。総授業時数の増加分と総合的な学習の時間の削減分は，たとえば，小学校では5，6年生に新設された「外国語活動」の時間や，算数や理科などの教科の授業時数に振り分けられている。

　2017（平成29）年の学習指導要領改訂でも，小学校については総授業時数がさらに増加しているが，小学校，中学校ともに，総合的な学習の時間の授業時数は，2008（平成20）年から変化はない。これまでの3回の学習指導要領改訂を通して，各学年ともに，ほぼ70時間の授業時数に落ち着き，単純に計算すれば毎週2授業時間が総合的な学習の時間にあてられるようになっている。

2　総合的な学習の時間の目標と育成を目指す資質・能力

　先述のとおり，1998（平成10）年の学習指導要領では，総合的な学習の時間は，総則の一部として趣旨やねらいが規定されるにとどまっており，具体的な目標が規定されたのは，2008（平成20）年度の学習指導要領からである。学習指導要領に規定された目標の変遷は，表3-3のとおりである。

表3-3　総合的な学習の時間の目標の変遷

平成10年 (総則)	1　総合的な学習の時間においては，各学校は，地域や学校，生徒の実態等に応じて，横断的・総合的な学習や生徒の興味・関心等に基づく学習など創意工夫を生かした教育活動を行うものとする。 2　総合的な学習の時間においては，次のようなねらいをもって指導を行うものとする。 (1)　自ら課題を見付け，自ら学び，自ら考え，主体的に判断し，よりよく問題を解決する資質や能力を育てること。 (2)　学び方やものの考え方を身に付け，問題の解決や探究活動に主体的，創造的に取り組む態度を育て，自己の生き方を考えることができるようにすること。
平成20年	横断的・総合的な学習や探究的な学習を通して，自ら課題を見付け，自ら学び，自ら考え，主体的に判断し，よりよく問題を解決する資質や能力を育成するとともに，学び方やものの考え方を身に付け，問題の解決や探究活動に主体的，創造的，協同的に取り組む態度を育て，自己の生き方を考えることができるようにする。
平成29年	探究的な見方・考え方を働かせ，横断的・総合的な学習を行うことを通して，よりよく課題を解決し，自己の生き方を考えていくための資質・能力を次のとおり育成することを目指す。 (1)　探究的な学習の過程において，課題の解決に必要な知識及び技能を身に付け，課題に関わる概念を形成し，探究的な学習のよさを理解するようにする。 (2)　実社会や実生活の中から問いを見いだし，自分で課題を立て，情報を集め，整理・分析して，まとめ・表現することができるようにする。 (3)　探究的な学習に主体的・協働的に取り組むとともに，互いのよさを生かしながら，積極的に社会に参画しようとする態度を養う。

　総合的な学習の時間の目標に関しては，小学校，中学校ともに大きな違いはない。表3-3にみるように，各学校では児童生徒，学校や地域の実態に応じて，横断的・総合的な学習等を組織し，児童生徒の主体的な学習活動を通して，諸問題を解決するための資質・能力を育成するという，総合的な学習の時間の趣旨は大きく変更されていないものの，2017（平成29）年になると，目標がさらに具体的に示されるようになっていることがわかる。

　学校での実施から15年あまりが経過した総合的な学習の時間について，中央教育審議会答申「幼稚園，小学校，中学校，高等学校及び特別支援学校の学習指導要領等の改善及び必要な方策等について」（2016〔平成28〕年）では，総合的な学習の時間で探究のプロセスを意識した学習活動に取り組んでいる児童生徒ほど全国学力・学習状況調査の分析等において，各教科の正答率が高い傾向

にあり，また PISA の好成績につながっている点などを成果としてあげながらも，総合的な学習の時間に現状に，いくつかの点で課題を示している。その最初の課題として示されたのが，「総合的な学習の時間を通してどのような資質・能力を育成するのかということや，総合的な学習の時間と各教科等との関連を明らかにするということについては学校により差がある」という点であった。これまでにも述べてきたように，総合的な学習の時間は，各学校で適切な年間計画等を策定し，実践することが求められる。しかしながら，教科の枠，学年の枠に囚われることなく，学校の教員全体でビジョンを共有しつつ，教科横断的，学年横断的なプログラムを開発することは容易ではない。教科担任制となる中学校や高等学校ともなれば，より困難となる。それゆえに，校長や特定の教員のリーダーシップによって，多くの教員を巻き込んで学校全体としてすぐれた実践をしている学校と，そうではない学校との間での差が生じている実態があった。それは，総合的な学習の時間で育成する資質・能力が不明確であるため，各教員が，どういった関わり方ができるのかわかりにくいことにも原因の1つを見出すことができるといえる。このような課題を克服すべく，2017（平成29）年学習指導要領改訂作業において，まず総合的な学習の時間で育成を目指す資質・能力が整理されることとなった。

　2007（平成19）年の学校教育法改正によって，第30条に，いわゆる「学力の三要素」（基礎的な知識・技能，思考力・判断力・表現力等の能力，主体的に学習に取り組む態度）が規定された。今次の学習指導要領改訂では，この学力の三要素に基づきながら，「何を知っているか，何ができるか（個別の知識・技能）」「知っていること・できることをどう使うか（思考力・判断力・表現力等）」「どのように社会・世界と関わり，よりよい人生を送るか（学びに向かう力，人間性等）」という「資質・能力の三つの柱」が提起されている。表3-4に示したように，総合的な学習の時間においても，各教科，領域と同様に，この三つの柱および小学校，中学校，高等学校の連続性も考慮した形での資質・能力が提示され，その育成を可能とするために，目標や学習指導方法等の改善がなされている。学習内容と実社会，実生活とのつながり，探究的な見方・考え方や探究

表3-4 総合的な学習の時間において育成を目指す資質・能力

国が定める目標及び各学校の教育目標に基づき各学校において設定

	知識・技能	思考力・判断力・表現力	学びに向かう力・人間性等
高等学校	○ 課題について横断的・総合的な学習や探究的な学習を通して獲得する知識（及び概念） ○ 課題について横断的・総合的な学習や探究的な学習を通して獲得する技能 ○ 探究することの意義や価値の理解	○ 探究することを通して身に付ける課題を見いだし解決する力 ・課題設定 ・情報収集 ・整理・分析 ・まとめ・表現　など	○ 主体的に探究することの経験の蓄積を信念や自信，自己肯定感につなげ，さらに高次の課題に取り組もうとする態度を育てる。 ○ 協同的（協働的）に探究することの経験の蓄積を自己有用感や社会貢献の意識へとつなげ，よりよい社会の実現に努めようとする態度を育てる。 など
中学校	○ 課題について横断的・総合的な学習や探究的な学習を通して獲得する知識（及び概念） ○ 課題について横断的・総合的な学習や探究的な学習を通して獲得する技能 ○ 探究的な学習のよさの理解	○ 探究的な学習を通して身に付ける課題を見いだし解決する力 ・課題設定 ・情報収集 ・整理・分析 ・まとめ・表現　など	○ 主体的な探究活動の経験を自己の成長と結び付け，次の課題へ積極的に取り組もうとする態度を育てる。 ○ 協同的（協働的）な探究活動の経験を社会の形成者としての自覚へとつなげ，積極的に社会参画しようとする態度を育てる。 など
小学校	○ 課題について横断的・総合的な学習や探究的な学習を通して獲得する知識（及び概念） ○ 課題について横断的・総合的な学習や探究的な学習を通して獲得する技能 ○ 探究的な学習のよさの理解	○ 探究的な学習を通して身に付ける課題を見いだし解決する力 ・課題設定 ・情報収集 ・整理・分析 ・まとめ・表現　など	○ 主体的な探究活動の経験を自信につなげ，次の課題へ進んで取り組もうとする態度を育てる。 ○ 協同的（協働的）な探究活動の経験を実社会・実生活への興味・関心へとつなげ，進んで地域の活動に参加しようとする態度を育てる。　など

教育課程全体における「主体的・対話的で深い学び」に向けた学習活動を支える

出典：中央教育審議会答申「幼稚園，小学校，中学校，高等学校及び特別支援学校の学習指導要領等の改善及び必要な方策等について」（2016〔平成28〕年）参考資料より。

のプロセス等を重視して，目標が改善されている。

3 各学校において定める目標及び内容

　総合的な学習の時間では，上記のような資質・能力の枠組みや目標に従いながら，各学校において，詳細な目標や内容を定める必要がある。2017（平成29）年の学習指導要領においては，学校における目標や内容の設定にあたって配慮すべき事項を次のように示している。

(1) 各学校において定める目標については，各学校における教育目標を踏まえ，総合的な学習の時間を通して育成を目指す資質・能力を示すこと。
(2) 各学校において定める目標及び内容については，他教科等の目標及び内容との違いに留意しつつ，他教科等で育成を目指す資質・能力との関連を重視すること。
(3) 各学校において定める目標及び内容については，日常生活や社会との関わりを重視すること。
(4) 各学校において定める内容については，目標を実現するにふさわしい探究課題，探究課題の解決を通して育成を目指す具体的な資質・能力を示すこと。
(5) 目標を実現するにふさわしい探究課題については，学校の実態に応じて，例えば，国際理解，情報，環境，福祉・健康などの現代的な諸課題に対応する横断的・総合的な課題，地域の人々の暮らし，伝統と文化など地域や学校の特色に応じた課題，児童の興味・関心に基づく課題などを踏まえて設定すること。
(6) 探究課題の解決を通して育成を目指す具体的な資質・能力については，次の事項に配慮すること。
　　ア　知識及び技能については，他教科等及び総合的な学習の時間で習得する知識及び技能が相互に関連付けられ，社会の中で生きて働くものとして形成されるようにすること。
　　イ　思考力，判断力，表現力等については，課題の設定，情報の収集，整理・分析，まとめ・表現などの探究的な学習の過程において発揮され，未知の状況において活用できるものとして身に付けられるようにすること。
　　ウ　学びに向かう力，人間性等については，自分自身に関すること及び他者や社会との関わりに関することの両方の視点を踏まえること。

> (7) 目標を実現するにふさわしい探究課題及び探究課題の解決を通して育成を目指す具体的な資質・能力については、教科等を越えた全ての学習の基盤となる資質・能力が育まれ、活用されるものとなるよう配慮すること。

　これらは、小学校、中学校ともに共通の内容であり、多くの項目は、今次の改訂にあたり新しく示された内容である。カリキュラム・マネジメントの観点から学校の教育目標を踏まえて総合的な学習の時間の目標や育成を目指す資質・能力を設定すること、他教科・領域の内容や育成される資質・能力と相互の関連性を重視すること、学習内容を実社会、実生活の関係を重視して設定すること、「資質・能力の三つの柱」への配慮など、今後、各学校における総合的な学習の時間の全体計画を編成するにあたっての重要な視点が示されている。

　また、2016（平成28）年の答申においては、『探究のプロセスの中でも「整理・分析」「まとめ・表現」に対する取組が不十分である』ことや「小・中学校の取組の成果の上に高等学校にふさわしい実践が十分展開されていない」点も課題として指摘されており、これらについても目標や内容の設定の際には配慮しなければならない。とくに、後者について、高等学校における総合的な学習の時間は、学習の質的向上を目指して「総合的な探究の時間」と名称変更して再編されることになっている。同じ学区内の小学校と中学校で連携して指導計画を構想したり、中学校での取り組みを踏まえて高等学校の「総合的な探究の時間」を構想するなど、計画作成にあたり、小中高の連続性を意識することも必要となっている。

4　総合的な学習の時間の学習内容

　総合的な学習の時間の内容の学習は、各学校の実態に応じて定められることになっているが、これまでの学習指導要領においても、① 国際理解、情報、環境、福祉・健康などの現代的な諸課題に対応する横断的・総合的な課題、② 地域の人々の暮らし、伝統と文化など地域や学校の特色に応じた課題、③ 児

表3-5　総合的な学習の時間の学習内容

小学校　(複数回答)

学習活動＼学年	国際理解	情報	環境	福祉・健康	地域の人々の暮らし	伝統と文化	防災	社会と政治	その他
第3学年	30.6%	36.7%	37.6%	32.2%	77.2%	41.4%	10.0%	0.7%	13.6%
第4学年	30.4%	37.1%	59.7%	58.7%	43.0%	30.0%	15.5%	1.3%	20.0%
第5学年	26.2%	43.8%	59.7%	36.7%	42.1%	38.6%	13.1%	3.8%	24.7%
第6学年	40.7%	43.5%	30.0%	32.1%	37.0%	57.5%	12.4%	14.3%	35.5%
※実施学校数	59.4%	52.7%	86.6%	82.9%	86.5%	76.6%	24.1%	15.8%	44.5%

中学校　(複数回答)

学習活動＼学年	国際理解	情報	環境	福祉・健康	伝統と文化	防災	まちづくり	キャリア	社会と政治	その他
第1学年	14.4%	20.0%	35.2%	38.4%	45.0%	21.4%	15.3%	65.6%	2.2%	18.5%
第2学年	15.6%	19.2%	24.3%	29.3%	43.0%	19.5%	10.1%	88.8%	4.1%	18.4%
第3学年	22.6%	20.5%	22.4%	34.7%	47.0%	19.2%	12.1%	80.2%	8.5%	18.7%
※実施学校数	29.5%	26.1%	42.8%	55.3%	65.5%	25.3%	21.2%	93.0%	10.1%	25.5%

注：※実施学校数は，いずれかの学年で行っている割合を表している。
出典：文部科学省「平成27年度公立小・中学校における教育課程の編成・実施調査」

童の興味・関心に基づく課題に取組むことが例示されていた。文部科学省「平成27年度公立小・中学校における教育課程の編成・実施状況調査」によれば，小学校，中学校で主に取組まれている総合的な学習の時間の学習内容の全国的な傾向は，表3-5のようになっている。

表3-5にみるように，主に取り組まれる学習内容としては，小学校では，地域の人々の暮らし，福祉・健康，環境，伝統と文化が，中学校では，キャリア，伝統と文化等の割合が高くなっている。これら以外にも，たとえば，文部科学省は『今，求められる力を高める総合的な学習の時間の展開（小学校編）』（2010年）で，表3-6に示す学習活動を例示している。

小学校，中学校の総合的な学習の時間では，学期ごとに学習内容を変更して実施されることも多く，同時に複数の内容を組み合わせて実施することも可能

表3-6 各学校において定める内容の事例

学習課題		学習対象	学習事項
① 横断的・総合的な課題	国際	地域に暮らす外国人とその人達が大切にしている文化や価値観	・日本の伝統や文化とそのよさ ・世界の国々の伝統や文化とそのよさ ・異なる文化と交流する活動や取組 など
	情報	情報化の進展とそれに伴う日常生活や消費行動の変化	・多様な情報手段の機能と特徴 ・情報環境の変化と自分たちの生活とのかかわり ・目的に応じた主体的な情報の選択と発信 など
	環境	身近な自然環境とそこに起きている環境問題	・身近な自然の存在とそのよさ ・環境問題と自分たちの生活とのかかわり ・環境の保全やよりよい環境の創造のための取組 など
	資源エネルギー	自分たちの消費生活と資源やエネルギーの問題	・生活を支える資源・エネルギー活用の多様さと重要さ ・資源・エネルギー問題と自分たちの生活とのかかわり ・省資源・省エネルギーに向けての取組 など
	福祉	身の回りの高齢者とその暮らしを支援する仕組みや人々	・身の回りの高齢者とその暮らし ・地域における福祉の現状と問題 ・福祉問題の解決やよりよい福祉を創造するための取組 など
	健康	毎日の健康な生活とストレスのある社会	・社会の変化と健康の保持・増進をめぐる問題 ・自分たちの生活習慣と健康とのかかわり ・より健康で安全な生活を創造するための取組 など
	食	食をめぐる問題と地域の農業や生産者	・地域の農業や生産者の現状と日本の食糧問題 ・食の安全や食料確保と自分たちの生活とのかかわり ・食をめぐる問題の解決とよりよい食生活の創造を目指した取組 など
	科学技術	科学技術の進歩と自分たちの暮らしの変化	・科学技術の進歩と便利で快適になった暮らし ・科学技術の進歩と私たちの生活とのかかわり ・科学技術をよりよく生活に生かし豊かな生活を創造しようとする取組 など
②児童の興味・関心に基づく課題	キャリア	将来への展望とのかかわりで訪ねてみたい人や機関	・地域で働く人の存在と働くことの意味 ・地域社会を支える様々な職業や機関 ・自分自身のよさへの気付きと将来展望 など
	ものづくり	ものづくりの面白さや工夫と生活の発展	・ものづくりの面白さとそれを生かした生活の豊かさ ・ものづくりによる豊かな社会と暮らしの創造 ・快適で自分らしい生活環境を整える活動 など
	生命	生命現象の神秘,不思議,すばらしさ	・生命現象の神秘や不思議,すばらしさ ・かけがえのない存在としての自分への気付きと自尊心 ・自他の生命を尊重し大切にする取組 など

③地域や学校の特色に応じた課題	町づくり	町づくりや地域活性化のために取り組んでいる人々や組織	・地域の人々がつながり，支え合って暮らすよさ ・町づくりや地域活性化に取り組んでいる人々や組織とその思い ・地域の一員として，町づくりや地域活性化にかかわろうとする活動や取組　など
	伝統文化	地域の伝統や文化とその継承に力を注ぐ人々	・地域の伝統や文化のもつ特徴 ・地域の伝統や文化の継承に力を注ぐ人々の思い ・地域の一員として，伝統や文化を守り，受け継ごうとする活動や取組　など
	地域経済	商店街の再生に向けて努力する人々と地域社会	・社会の変化と地域の商店街が抱える問題 ・商店街の再生に向けて努力する人々の思い ・地域の一員として，地域社会の再生にかかわろうとする活動や取組　など
	防災	防災のための安全な町づくりとその取組	・災害の恐ろしさと防災意識の大切さ ・地域や学校で防災に取り組むよさと安全な町づくり，学校づくり ・地域や学校の一員として，災害に備えた安全な町づくり，学校づくりにかかわろうとする活動や取組　など

出典：文部科学省編（2010）『今，求められる力を高める総合的な学習の時間の展開』72-73頁。

である。いずれにしても，総合的な学習の時間の学習効果を高めるためには，上記のような事例を参考にしながら，児童生徒の興味関心，各教科や領域の学習内容，地域の状況等に応じて，適切な学習内容を設定することが必要である。今後は，とくに，各教科等で獲得した見方・考え方を総合して，「広範な事象を多様な角度から俯瞰して捉え，実社会や実生活の文脈や自己の生き方と関連付けて問い続けること」ができる学習内容の設定が求められている。

5　総合的な学習の時間と持続可能な開発のための教育（ESD）

今次の学習指導要領改訂にあたって，「持続可能な開発のための教育（ESD）」との関係でも総合的な学習の時間の重要性が指摘されている点にも留意しておきたい。この点について，2016（平成28）年答申では，次のように述べている。

> ○ 持続可能な開発のための教育（ESD）は，次期学習指導要領改訂の全体において基盤となる理念であると言えるが，そこで求められている資質・能力（国立教育政策研究所の整理によれば，「多様性」「相互性」「有限性」「公平性」「連携性」「責任性」といった概念の理解，「批判的に考える力」「未来像を予測して計画を立てる力」「多面的・総合的に考える力」などの力）は，総合的な学習の時間で探究的に学習する中で，より確かな力としていくことになると考えられる。
> ○ 持続可能な社会の担い手として必要とされる資質・能力を育成するには，どのようなテーマを学習課題とするかではなく，必要とされる資質・能力を育むことを意識した学習を展開することが重要である。各学校がESDの視点からの教科横断的な学習を一層充実していくに当たり，総合的な学習の時間が中心的な役割を果たしていくことが期待される。

ESDについては，本書の第9章，第10章の中でも，国際理解教育および環境教育との関係で述べているため参照してもらいたい。

また，次頁の図3-1に示すのは，日本ユネスコ国内委員会が編集した『ESD（持続可能な開発のための教育）推進の手引（初版）』（2016年）で紹介されている東京都江東区立八名川小学校が作成した「ESDカレンダー」および総合的な学習の時間の計画である。ESDも学校全体で取り組む必要があるため，各教科・領域の学習の中でESDに関連するテーマを月ごとに整理した上で，適切な総合的な学習の時間の学習内容を決めていこうとするものである。関連するテーマを矢印で結ぶなどすれば，別々の教科の学習内容のつながりや，教科等の学習と総合的な学習の時間のつながりなどを一目で「見える化」することができ，全体計画の作成や教員間の意思疎通などにも効果的である。ESDカレンダーの手法を参考にしながら，各学校で総合的な学習の時間の学習内容に関する「カレンダー」を作成することは，学校全体の教育活動の中に国際理解教育を位置づけるためにも効果的な方法である。とくに，中学校や高等学校においては，各教科担当者が「カレンダー」に記入していくプロセスの中で，情報の共有も図られるという効果も期待できる。

第3章　総合的な学習の時間の教育課程と校内体制

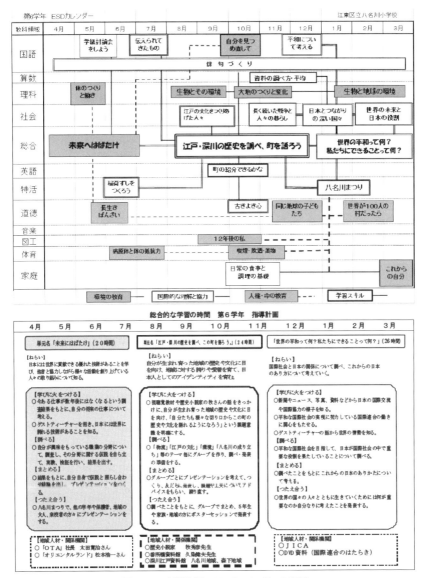

図3-1　小学校版 ESD カレンダーの事例

出典：日本ユネスコ国内委員会編（2016）『ESD（持続可能な開発のための教育）推進の手引（初版）』16頁。

6　総合的な学習の時間と学校内外の体制づくり

　最後に，総合的な学習の時間を充実させるために必要となる，学校内外の体制づくりについて整理しておこう。総合的な学習の時間の学習は，教科や学年を越えて学習を組織するため，学校全体で取り組む必要があるが，それを支える校内組織の整備は不可欠となる。また，実社会・実生活とのつながりを重視し，地域の課題を扱う場合には，外部との連携も必要である。総合的な学習の時間を充実させるための体制づくりについて，『小学校学習指導要領解説　総合的な学習の時間編』(2017〔平成29〕年) では，次の4つの視点を示している。

(1)　校内の教職員が一体となり協力できる体制をつくるなど校内組織の整備
(2)　確実かつ柔軟な実施のための授業時数の確保と弾力的な運用
(3)　多様な学習活動に対応するための空間，時間，人などの学習環境の整備
(4)　学校が家庭や地域と連携・協働しながら取り組む外部連携の構築

　第一の校内組織の整備には，校長のリーダーシップを欠くことができない。学校のビジョンの共有，教職員が協力し合うことができる体制や雰囲気づくり，校内の推進委員会等の整備，「社会に開かれた教育課程」の理念による外部機関や家庭との連携の促進，コミュニティ・スクールの枠組みの活用，小中の教職員の連携促進など，校長がリーダーシップ発揮しながら体制を整備する必要がある。また，既存の校務分掌組織を活かしながら，総合的な学習の時間の実践を支えるために，教職員が次のような分担をしていくことも例示されている。

○副校長，教頭：運営体制の整備，外部との日常的な連携・協力体制の構築
○教務主任：各種計画の作成と評価，時間割の調整
○研修担当：研修計画の立案，校内研究の実施
○学年主任：学年内の連絡・調整，研修，相談
○総合的な学習の時間推進担当（コーディネーター）：総合的な学習の時間の充実に向けた方策の企画・運営，研修計画の立案，教師への指導・支援
○図書館担当：必要な図書の整備，児童及び教師の図書館活用支援

> ○地域連携担当：校外の支援者，支援団体との渉外
> ○機器担当：情報機器等の整備及び配当
> ○安全担当：学習活動時の安全確保
> ○養護教諭：学習活動時の健康管理，健康教育に関わること
> ○栄養教諭：食育に関わること
> ○事務担当：予算の管理及び執行

　また，第二の点について，総合的な学習の時間では，体験活動，学校外での調査や地域の人へのインタビュー，ゲストスピーカーの招聘，発表会，学年を越えた活動など，多様な活動を組み入れることとなる。これらの活動を効果的に行うためには，年間70時間の授業時数を週2回で35週間という形で機械的に配分するのではなく，各活動の特性に応じて柔軟に時間割や教育課程を編成する必要がある。また，小学校で45分，中学校で50分という原則的な授業時間も，時には柔軟に運用することも必要である。

　第三の点については，多様な学習活動を行うためには，教室以外の学習スペース，教室内の学習環境，図書館，情報機器等を整備することも必要となる。予算措置も必要となり，総合的な学習の時間のためだけの整備とはならない側面もあるが，様々な機会を利用して，今後求められる探究的な学びを実現する環境整備も重要となる。

　第四の点について，「チームとしての学校」の理念とも関わり，積極的に学校外部の人材や資源を活用していくことが，総合的な学習の時間の充実には，とくに必要となる。定められた教科書がなく，扱う内容も広範囲であるため，教員だけで対応できることには限界がある。保護者や地域の人々をはじめとして，特定の分野に専門的な知見をもっている人や，関連する企業，行政機関，さらに，学校内外のつなぎ役としての地域コーディネーターなど，多様な人々との連携によって，総合的な学習の時間を実施していくことも重要である。現在では，インターネット等を活用して，外国や遠距離の土地に住む人々と教室とをつなげることは難しくなく，様々な形で連携する可能性がある。ただし，このような外部人材を活用する場合には，単発のイベント的な関わりでは効果

は期待できず，綿密な打合せのもとで，継続的な関わりによって実践することが必要であることは忘れないようにしたい。

引用文献
中央教育審議会答申（2016）「幼稚園，小学校，中学校，高等学校及び特別支援学校の学習指導要領等の改善及び必要な方策等について」
日本ユネスコ国内委員会（2016）『ESD（持続可能な開発のための教育）推進の手引（初版）』
文部科学省（2010）『今，求められる力を高める総合的な学習の時間の展開（小学校編）』
文部科学省（2016）「平成27年度公立小・中学校における教育課程の編成・実施調査」
文部科学省（2017）「小学校学習指導要領解説　総合的な学習の時間編」
http://www.mext.go.jp/component/a_menu/education/micro_detail/__icsFiles/afieldfile/2017/10/19/1387017_14_2.pdf

【学習の課題】
(1) 総合的な学習の時間の変遷を調べながら，2017（平成29）年度版学習指導要領で示された総合的な学習の時間の特徴を考えてみよう。
(2) 総合的な学習の時間の実践事例集やインターネットで公開されている実践例等を収集し，具体的に，どのように総合的な学習の時間の学習が実践されているのか検討してみよう。
(3) 各教科や領域で育成を目指している資質・能力や見方・考え方を，総合的な学習の時間の資質・能力や見方・考え方にどのようにつなげていくことができるのか検討してみよう。

【さらに学びたい人のための図書】
寺西和子（2000）『総合的な学習の時間の理論とカリキュラムづくり』明治図書。
　　⇨総合的な学習の時間の導入時期に出版された書籍であるが，総合的な学習の時間の学びの特色やカリキュラム開発の方法などを理解する上で参考になる。
片上宗二・木原俊行編（2001）『新しい学びをひらく総合学習』ミネルヴァ書房。
　　⇨総合的な学習の時間の意義，授業づくりの基本，実践事例等が多様な観点から述べられており，これからの総合的な学習の時間を検討するうえで参考となる。
奈須正裕（2017）『資質・能力と学びのメカニズム』東洋館出版社。
　　⇨2017（平成29）年度の学習指導要領では，すべての教科や領域において資質・能力の育成が求められているが，改訂作業における議論や，資質・能力の育成の基本的な考え方の理解に参考となる。

（森田真樹）

第4章 総合的な学習の時間の指導計画・単元計画

この章で学ぶこと

　総合的な学習の時間は，教科等の枠を超えた横断的・総合的な学習により探究的で協働的な学習を展開する中で課題を解決し，自己の生き方を考えていく資質・能力を育成することを目標としている。この学習は，実施時数は示されているものの，教科書はなく，学習の手順や学習内容および指導方法は各学校に委ねられている。

　本章では，学習指導要領（2017〔平成29〕年3月告示）および学習指導要領解説　総合的な学習の時間編（2017年6月告示，以下，解説編）に示されている「指導計画の作成」を手がかりに，「全体計画」「年間計画」「単元計画」に分けて，それぞれの計画を「どんな考えで，どのような内容を，どのような方法・手順によって」作成したら効果的な総合的な学習の時間が計画的・効果的に展開できるかについて考えていくこととする。

1　総合的な学習の時間における指導計画の基本的な考え方

(1)「全体計画」の基本的な考え方とその内容

　学校で行われるすべての教育活動は，学校教育目標の具現化を目指して意図的・計画的に取り組まれる営みである。したがって，学校には，全領域，全学年におけるすべての教育活動を進めるための「教育課程」が作成されている。総合的な学習の時間においても，学校における全教育活動との関連の下に，目標及び内容，学習活動，指導方法や指導体制，学習の評価などを計画的に実施することが求められる。そのためには，総合的な学習の時間が学校のすべての教育活動の中でどのように位置づけられ，どんな役割を担っているのかについ

て明記された「全体計画」が必要となる。そして，その実現のためにどのような学習活動を，どのような時期に，どのくらいの時数で実施するのかなどを示す「年間指導計画」，さらに，教師が意図やねらいをもって単元としてのまとまりで学習活動を構成する「単元計画」が必要となる。つまり，総合的な学習の時間の全体計画とは，学校として第3学年から第6学年までを見通して，各学年・学級の日々の実践と結びついた基本的な指針となる計画を概括的・構造的に示すもととなる。

　総合的な学習の時間と学校教育目標との関連や学習活動の位置づけに対する理解が不十分であれば，学校内において総合的な学習の時間の授業で目指す方向性が曖昧になってしまうこととなる。1時間の授業を実施するためには，学校教育目標が具体的にどのような児童生徒の姿，つまり，「〇〇の場面では〜ことができる子」「〇〇の場面に対して〜気持ちの持てる子」を目指しているのかを日常の学校生活の場面や児童の具体的な動きとして理解しておく必要がある。全体計画とは，全学年の年間指導計画を規定し，全単元および日々の授業における目標と一貫し，全職員が共有する計画としての位置づけとなる必要がある。

（2）全体計画作成に必要な要件

　全体計画には，図4-1に示すように目標，内容および探究課題などの必須の要件をはじめ，学習活動，指導方法，指導体制などを構造的に示す必要がある。

① 必須の要件として記すもの
- 各学校における教育目標
- 各学校が定める目標（この時間を通して実現を目指す目標）
- 各学校において定める内容（目標を実現するにふさわしい探究課題，探究課題の解決を通して育成を目指す具体的な資質・能力）

② 基本的な内容や方針等を概括的に示すもの
- 内容との関わりにおいて実際に児童が行う「学習活動」

第4章　総合的な学習の時間の指導計画・単元計画

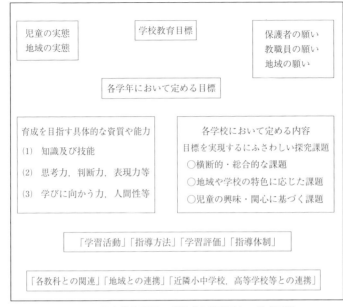

図4-1　総合的な学習の時間「全体計画」の構成図例
出典：文部科学省，2011，65頁。

- 「学習活動」を適切に実施するための「指導方法・指導体制」
- 児童の学習状況の評価，教師の学習指導の評価等
③　各学校が必要と考えるもの
- 地域の実態や保護者・教師の願い，教科との関連，地域や近隣小中学校との連携など　　　　　　　　　　　　　　　（文部科学省，2017b，84頁）

2　総合的な学習の時間において各学校が定める目標及び内容

（1）各学校が定める目標の設定

　各学校は，学習指導要領に示された総合的な学習の時間の目標を踏まえて，学校教育目標や育てたい児童像を他教科との関連等において明らかにしておく必要がある。総合的な学習の時間の目標（学習指導要領　第1章）に対応して解

説編（第5章2節）には，各学校が定める目標について以下の2点を踏まえることが必要であると示されている。

> (1)「探究的な見方・考え方を働かせ，横断的・総合的な学習を行うことを通すこと」，「よりよく課題を解決し，自己の生き方を考えていくための資質・能力を育成すること」という，目標に示された二つの基本的な考え方を踏襲すること。
> (2) 育成を目指す資質・能力については，「育成すべき資質・能力の三つの柱」である「知識及び技能」，「思考力，判断力，表現力等」，「学び合う力，人間性等」の三つにそれぞれについて，第一の目標の趣旨を踏まえること。

このことを踏まえて各学校においては学校独自の目標を定めるわけである。各学校は，地域や学校，児童の実態等を踏まえて，学校教育目標を定め，自校における教育活動の充実を図り，一人ひとりの児童生徒を伸ばすことに全力で取り組んでいる。総合的な学習の時間においては，目標具現化のために地域に根ざし，身近にある教材を取り上げながら日々の具体的な教育活動を通して成果の質を高めることを構想するのである。

（2）目標を実現するにふさわしい探究課題

総合的な学習の時間においては，「何ができるようになるか（育成することを目指す資質・能力）」と，そのために「何を学ぶか（学習の内容）」と「どのように学ぶか（学習の方法）」を各学校が定める必要がある。目標，内容，方法を各学校が定める学習は，教科教育においてはないことである。そこで，その方向性を「小学校学習指導要領解説　総合的な学習の時間編　第3章第3節」には，「例えば」という形で「目標を実現するにふさわしい探究課題」を以下のように示している。

> (5) 目標を実現するにふさわしい探究課題については，学校の実態に応じて，例えば，国際理解,情報,環境,福祉・健康などの現代的な諸課題に対応する横断的・総合的な課題，地域の人々の暮らし，伝統と文化など地域や学校の特色に応じた課題，児童の興味・関心に基づく課題などを踏まえて設定すること。

第4章　総合的な学習の時間の指導計画・単元計画

表 4-1　総合的な学習の時間　探究的課題の例

三つの課題	探究課題の例
横断的・総合的な課題（現代的な諸課題）	地域に暮らす外国人とその人たちが大切にしている文化や価値観（国際理解）
	情報化の進展とそれに伴う日常生活や社会の変化（情報）
	身近な自然環境とそこに起きている環境問題（環境）
	身の回りの高齢者とその暮らしを支援する仕組みや人々（福祉）
	毎日の健康な生活やストレスのある社会（健康）
	自分たちの消費生活と資源やエネルギーの問題（資源エネルギー）
	安心・安全なまちづくりへの地域の取組と支援する人々（安全）
	食を巡る問題とそれにかかわる地域の農業や生産者（食）
	科学技術の進歩と自分たちの暮らしの変化（科学技術）
	など
地域や学校の特色に応じた課題	町づくりや地域活性化のために取り組んでいる人々や組織（町づくり）
	地域の伝統や文化とその継承に力を注ぐ人々（伝統文化）
	商店街の再生に向けて努力する人々と地域社会（地域経済）
	防災のための安全なまちづくりとその取組（防災）
	など
児童の興味関心に基づく課題	実社会で働く人々の姿と自己の将来（キャリア）
	ものづくりの面白さや工夫と生活の発展（ものづくり）
	生命現象の神秘や不思議さと，そのすばらしさ（生命）
	など

出典：文部科学省，2017b，73頁。

　これらの「目標を実現するにふさわしい探究課題」はあくまで例示であり，設定するための参考例であるが，自己の生き方を考えていくことに結びつくような，教育的に価値のある諸課題であることが求められる。各学校は，地域や学校の規模，児童生徒の実態等によって創意工夫を生かした課題を設定し，独自の内容になるように設定することが求められる。小学校学習指導要領解説総合的な学習の時間編に示された探究課題を整理すると表4-1のようにまと

めることができる。

(3) 各学校が定める内容としての資質・能力

探究課題の解決を通して育成を目指す具体的な資質・能力とは，各学校において定められた目標や各探究課題によって具体化していくものであり，児童生徒が各探究課題に取り組む中で，教師の適切な指導によって実現を目指すものである。したがって，各学校，学年，探究課題，指導する教師，学習に取り組む児童の実態によって異なってくるものである。各学校が定める目標と探究課題の解決を通して「どんな児童生徒を育てたいか」という目指す具体的な資質・能力を明示することが必要となる。この資質・能力を以下の3つの柱に沿って各学校で明らかにし，育てたい児童生徒の具現化を図っていくことが求められている。

① 知識及び技能

知識及び技能は，探究的な学習の過程において，それぞれの課題における事実的知識や技能が獲得される。したがって，具体的な知識及び技能を例示することはできない。この事実的知識は，探究の過程が繰り返され，連続していく中で，構造化された概念的な知識へ高まっていくことが予想される。さらに，教科等の枠を超えて，知識や技能が統合化されていくことによって，この概念的な知識は，教科や分野を超えてより一般化された概念的なものへと高まっていくことが期待される。

解説編では，「身近な自然と，そこに起きている環境問題」を探究課題に設定した場合の概念的な知識の例が示されている。

- 「生物は，色，形，大きさなどに違いがあり，生育の環境が異なること（多様性）」
- 「身近な自然において，生物はその周辺の環境と関わって生きていること（相互性）」
- 「自然環境は，様々な要因で常に変化する可能性があり，一定でないこと（有限性）」

この例では，直接的に学習で関わる対象は「身近な自然」であっても，実験・観察や体験，学び合いを積み上げ，探究的に学習を深めていくことによって，その概念は「身近な自然」だけに当てはまるものではなく，持続可能な社会づくりに関わる様々な事例に対しても応用可能で，説明力の高い知識として形成されていく。

　技能においても，探究的な学習が繰り返されることによって習熟することが期待できるため，獲得される知識と合わせて，探究的な学習の過程で必要な技能の例を組み入れていく必要がある。

② 思考力，判断力，表現力等

　思考力，判断力，表現力等は，探究的な学習において，① 課題の設定，② 情報の収集，③ 整理・分析，④ まとめ・表現が繰り返され，連続することによって実現される。総合的な学習の時間において育成を目指す「思考力，判断力，表現力等」を2008（平成20）年度版解説における「学習方法に関すること」と，2017（平成29）年6月告示版解説の「探究の過程における思考力，判断力，表現力等の深まり（例）」とを合わせて，各段階で整理すると表4-2のようになる。

③ 学びに向かう力，人間性等

　小学校学習指導要領 総合的な学習の時間 第2の3の（6）ウにおいて，「学びに向かう力，人間性等については，自分自身に関すること及び他者や社会との関わりに関することの両方の視点を踏まえること」と示されている。これは，両者が個別に育成されるものではなく，2つのバランスを取り，関係を意識することにあり，個別に内容，方法が提示されていない。つまり，主体性と協働性とはお互いに影響し合っているものであり，自己の理解なくして他者を理解することは難しいと考えられている。2008（平成20）年度版学習指導要領においては，自分自身に関することは，「意思決定」「計画実行」「自己理解」「将来展望」を，他者や社会との関わりに関することについては，「他者理解」「協同」「共生」「社会参画」を視点として資質・能力及び態度（例）を示していた。

表 4-2 探究の過程における 思考力, 判断力, 表現力の深まり（例）

段階	質の高まり	方法（例）
① 課題の設定	より複雑な問題状況確かな見通し, 仮設	・問題状況の中から課題を発見し設定する。 ・解決の方法や手順を考え, 見通しをもって計画を立てる。 　など
② 情報の収集	より効率的・効果的な手段多様な方法からの選択	・情報収集の手段を選択する。 ・必要な情報を収集し, 蓄積する 　など
③ 情報の整理・分析	より深い分析, 確かな根拠づけ	・問題状況における事実や関係を把握し, 理解する。 ・多様な情報にある特徴を見つける。 ・事象を比較したり関連づけたりして課題解決に向けて考える。 　など
④ まとめ・表現	より論理的で効果的な表現内容の深まり	・相手や目的に応じてわかりやすくまとめ表現する ・学習の進め方や仕方を振り返り, 学習や生活に生かそうとする。 　など

　具体的には, 自己理解では, 自らの生活の在り方を見直し, 実践すること, 社会参画においては, 課題の解決に向けて地域の活動に参画することなどが示されていた。解説編においても,「探究的な活動を通して, 自分の生活を見直し, 自分の特徴やよさを理解しようとすること, 探究的な活動を通して, 異なる意見や他者の考えを受け入れて尊重しようとすること」が自己理解・他者理解を育んでいくことが期待されている。

　いずれにしても,「学びに向かう力, 人間性等」は, 前項で述べた「知識及び技能」や「思考力, 判断力, 表現力等」と切り離して育てられるものではない。各学校においては, 学校の実態や学年の発達段階, 育てたい児童生徒像などとの関連を考慮して検討していく必要がある。

3　年間指導計画の基本的な考え方とその作成

(1) 年間指導計画の基本的な考え方と配慮事項

　年間指導計画とは，全体計画とは異なり，児童生徒が１年間の総合的な学習の時間の流れの中で育成を目指す資質・能力を中心に単元単位で構成される指導計画である。児童生徒の実態を踏まえ，学校や地域のもつ特色を生かして，どのような学習活動を，どのような時期に，どのくらいの時数で実施するのかなど，年間を通しての学習活動に関する計画をわかりやすく示したものである。これは，学年や学級の児童生徒の実態に応じ，その年度の総合的な学習の時間の学習活動の見通しをもつために年間を見通して構想することが求められる。

　各学校において作成されるため，決められた形があるわけではない。ここに記載される要素としては，単元名，単元における主な学習活動，活動時期，予定時数などが考えられる。さらには，各学校が実施する教育活動の特質に応じて必要な要素を盛り込むことが大切である。たとえば，教科等や他学年，さらには，地域内の他の学校との関連を示すなどが考えられる。一時間一時間の学習活動を指導する教師たちが年間を通して学習活動の計画を共有することは，全校体制で学習活動を進めるためには非常に重要になる指導計画である。

　年間指導計画は，次年度の教育課程編成を進める中で，１年間の学習活動の成果を振り返り，次年度の展開を構想することが一般的である。各学年において積み重ねた実践成果を振り返り，探究課題・学習活動の吟味，次年度に向けての事前の準備，実施時期，配当時間などを，育成を目指す資質・能力を中心に据えながら計画の見直しを適時行うのである。そこで，年間指導計画を作成していく上で配慮事項が以下の４点について述べられている。

- 児童生徒の学習経験に配慮すること
- 季節や行事など適切な活動を生かすこと
- 各教科との関連を明らかにすること
- 外部の教育資源の活用及び異校種との連携や交流を意識すること

これらのことが考慮され，各学校の教育目標や学校の特色に応じて年間計画の質が高められながら作成されるわけである。

(2) 年間計画の作成と具体事例

　ここでは，他教科との関連を明示し，学年の全教育活動を関連づけながら総合的な学習の時間が展開されるように計画されている京都市立西陣中央小学校第6学年の事例を紹介する。全体計画に示された目指す児童像「伝統と文化を受け継ぎ　時代と未来を切り拓く子」の具現化を目指して年間指導計画を作成している。

　この年間指導計画においては，総合的な学習の時間（中央小では「にじの学習」の名称）における探究課題『大好き「西陣」～西陣織のひみつをさぐろう』が4月から夏休みまでに35時間で設定されている。そして，単元における主な学習活動が「西陣織と出会おう」「自分の調べたいテーマを見つけよう」「西陣織のひみつをさぐろう」「西陣織の素晴らしさを伝えよう」と各段階の学習の流れに沿って記述されている。それらの学習活動は，国語科単元「ようこそ私たちの町へ」（7月実施予定）と社会科単元「今に伝わる室町文化」（6月実施予定）と関連付けられて展開されるように計画されている。また，総合的な学習の時間の次単元『私たちの「西陣」～私たちの町の誇り～』（25時間扱い）では，能体験・雅楽体験を組み入れながら国語科単元「狂言　柿山伏」（11月実施予定）と関連づけて実施されることも明示されている。更には，学習成果のまとめをするために情報教育と関連づけてプレゼンテーションソフトを使った表現活動も関連づけられている。

　この年間指導計画に基づく学習活動の流れを学校・学年の教師が共有することによって，指導者の意識が同一方向を向くとともに，日々の授業が年間の見通しをもちながら総合的な学習の時間と関連付けられ，学習の実施時期や外部団体との連携も円滑に進められるようになっていくと考えられる。

第4章 総合的な学習の時間の指導計画・単元計画

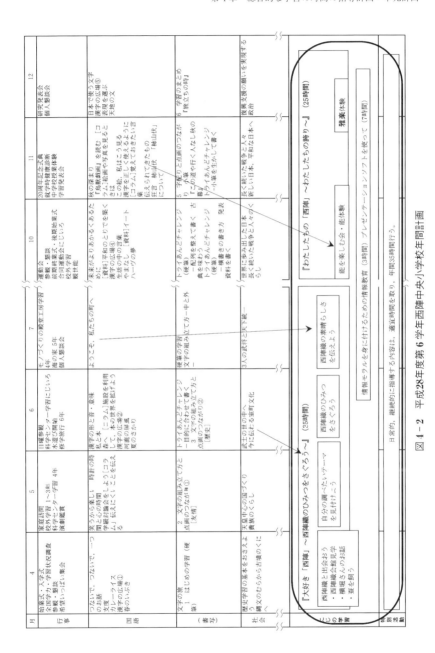

図4-2 平成28年度第6学年西陣中央小学校年間計画

4 単元計画の基本的な考え方とその作成

(1) 単元計画の考え方と作成方法

　単元計画は，単元の構想に基づいて一時間一時間の授業として，どのような学習活動を展開するのかという教師の意図やねらいを直接的に実践するための構想，計画となる。単元を通しての学習指導案ともなるのである。年間指導計画においても触れたが，各学校においては，すでに十分な実践の積み上げがあり，価値ある単元計画および学習指導案が蓄積されている場合が考えられる。しかし，児童生徒の実態や学習環境は毎年変化する。改めて目の前の児童生徒や学校の諸課題および学習環境の変化を把握し，単元づくりを行う必要がある。単元の学習活動の計画を明示するためには，以下の表4-3のような項目を示す必要がある。

　これらの内容を組み入れた作成にあたっては，2つのポイントが解説編に示されている。一つは，「児童の関心や疑問を生かした単元の構想」である。しかし，児童は，何が自分にとっての関心や疑問であるかが十分に理解されていなかったり，自分の考えを適切に言語化できなかったりすることが多いため，日常の児童とのやり取りの中から感じ取り，引き出すことが必要であるとしている。児童の疑問や関心だけで単元を構想するのではなく，効果的な教師の働きかけによって新たな疑問を生み出させたり，活動を想像させたりしながら教師の意図による計画的な単元計画が求められている。

　二つ目は，「意図した学習を効果的に生み出す単元の構想」である。これは，単元計画を児童の目線で丁寧に構想し，どのように実践していくのかを具体的に明らかにする単元計画を求めている。「担当する学年，学級の児童であれば，この場面ではこう考え，このように行動するであろう。」などと可能な限り具体的で，実際の場面の丁寧な予測をしながら単元を構想することである。

第4章 総合的な学習の時間の指導計画・単元計画

表4-3 単元計画に明示すべき項目と内容

```
              第○学年  総合的な学習の時間  学習指導案
                                              指導者　○○○○
1 単元名
  ・単元でどのような学習が展開さるのかを端的に表現したもの
2 単元目標
  ・どのような学習を通して児童にどんな資質・能力を育成するのか
3 単元設定の理由
  ・なぜ単元を計画したのかについて様々な要素からその理由を述べる。児童の実態，育て
    ようとする資質・能力，教材の価値，教師の願い，地域の特色，他教科との関連などが
    その要素となる。
4 単元の評価規準
  ・評価の観点は，目標，資質・能力，他教科との関連等が考えられる。
5 指導計画（○時間）
  ・活動内容や時間数，学習環境などとともに各学習段階における学習課題や指導のポイン
    トなどが考えられる。
```

出典：文部科学省，2011，89頁。

（2）単元計画と先行事例

　ここでは，京都市立錦林小学校第6学年の単元計画を具体的な事例として図4-3に提示する。この単元計画および学習指導案には，表4-3で示した内容が具体的に明記されている。さらに，単元における評価規準も学校が設定した育てたい力の観点に沿って示されている。

　紙面の関係ですべてを提示できないが，単元計画においては，「7．単元構想図」が提示されており，各段階における教師の意図と児童の学習活動に対応した学習課題や主な学習活動，それらの学習活動における予想される児童の反応，各課題に対する指導時数も明記されている。さらに，学習活動の展開に沿って「この活動においては，どのような力が付けばよいか。それをどのような方法によって評価していくのか」という単元を通しての評価規準も明示されている。この単元計画に沿って本時の学習指導案が作成されるわけである。ここに示された「計画」は，教師による計画であるため，児童生徒の思考や問題意識，学習活動の展開やそれに伴う変容によっては，柔軟に変更，深化されていくものと考えられる。この単元計画が明確であれば，児童の多様な現れにも

65

総合的な学習の時間　学習指導案

指導者

1. 日時

2. 学年・組　第4学年1組（　　名）　2組（　　名）　3組（　　名）

3. 単元名　　『錦林発見～琵琶湖疏水から見えるもの～』　　総時間47時間

4. 単元目標
   - 地域に貢献する琵琶湖疏水の「すてき」について，主体的に課題解決に向かって情報を集めたり，調べたことを相手にわかりやすいように表現したりできるようにする。
   - 目的を意識しながら，選んだ課題を解決するためにねばり強く取り組むことができるようにする。
   - 友達と協力して活動し，自分の伝えたいことを意識しながらわかりやすく話したり，友達や地域の方の意見
     や思いを積極的に聞いたりすることができるようにする。
   - 学んだことを通して地域に対する愛着や誇りをもち，今の自分にできることを考えたり，自分の生活にいかしたりできるようにする。

5. 単元の評価規準

視点	つけたい力	評価規準
基礎的・汎用的能力	実行力	・地域に貢献する琵琶湖疏水の「すてき」について，インタビューなどで情報を集めたり，相手にわかりやすい提案を考えたり，リーフレットに表現したりしようとしている。
	律する力	・地域に貢献する琵琶湖疏水の「すてき」を伝えるために，改善を繰り返しながら，よりよい提案やリーフレットをつくろうとしている。
	つなげる力	・校区にある施設や琵琶湖疏水の「すてき」を見つけたりしていく中で，自分と他者との意見や思いを比べながら，お互いの良さを認め合ったり，アドバイスをし合ったりして，地域に対する自分の意見を明らかにしようとしている。
	未来をつくる力	・地域に貢献する琵琶湖疏水に愛着や誇りをもち，未来に残すために自分ができることを考えたり，自分の生活にいかしたりしようとしている。

6. 単元について
（1）単元名「錦林発見～琵琶湖疏水から見えるもの～」について

　現在，錦林学区には平安神宮や京都市動物園・無鄰菴・踏水会などの，昔から残り続ける歴史的価値がある施設が数多くあり，一年中観光客で賑わっている。子ども達も日々その様子を目の当たりにしているため，自分達の地域は「すてき」という思いをもっている。また，錦林学区には琵琶湖から京都に水を供給するためにつくられた琵琶湖疏水も流れている。社会科「くらしと水」で子ども達は，この琵琶湖疏水の水によって，生活で使う水が確保されていることを学んだため，琵琶湖疏水は「生活に役立っているもの」という印象を強く抱いている。

図4-3　平成28年度京都市立錦林小学校　第6学年単元計画

第4章　総合的な学習の時間の指導計画・単元計画

8．単元計画と評価・支援

主な学習活動（○）と 子どもの反応（・）	評価の視点（実行力【実】律する力【律】つなげる力【つ】 未来をつくる力【未】）と　評価の方法（　　）
発見課題　**琵琶湖疏水から錦林校区を見てみよう（3H）**	
○十石船に乗って校区の様子をながめ，いろいろな発見をする。 ・知っている建物も何か違って見える。 ・平安神宮の鳥居がすごく大きく見える。 ・昔はこの船でたくさんの荷物を運んだそうだ。	【実】よく知っている校区も十石船から見ることで新しい発見があることを知り，主体的に見つけようとしている。 （ワークシート）
○見学したい場所を話し合って決める。 ・動物園に行きたい。 ・平安神宮に行って鳥居の秘密を探りたい。 ・疏水の縁にあった銅像は誰なんだろう。	【つ】見学したい場所を自分の希望を出し，相手の考えを受け入れながら話し合って決めようとしている。 （話し合いの様子）

> 疏水の周りにあるいろいろな施設を調べてみたい。

追究課題　**錦林校区の「すてき」を見つけよう（9H）**	
○動物園を見学して，どんな「すてき」があるのか見つける。 ・市民の寄付で出来たんだ。 ・図書館やレストランが出来て便利になった。 ・繁殖をして動物を守っている。	【実】それぞれの場所の見学を通して，どんな魅力や新しい発見があるのか主体的に調べようとしている。 （ワークシート）
○平安神宮を見学して，どんな「「すてき」」があるのか見つける。 ・大きな池には蓮の花が咲いていてきれいだ。 ・都会の中なのに大きな木や植物でいっぱいだ。 ・時代祭を盛り上げているのだな。	【つ】それぞれが見つけてきた魅力や発見を出し合いベスト3を決める中で，理由を付けて話したり，相手の説明をしっかり聞いて決めようとしている。 （話し合いの様子）
○無鄰菴を見学して，どんな「すてき」があるのか見つける。 ・庭にある木や苔がとてもきれいだ。 ・小川治平さんが造ったそうだ。	

図4-3　平成28年度京都市立錦林小学校　第6学年単元計画（つづき）

対応ができ，学校教育目標の具現化を目指した教師の意図を反映することが可能な授業が実現できることとなる。

引用文献

文部科学省（2017a）「小学校学習指導要領」。
　http://www.mext.go.jp/a_menu/shotou/new-cs/1383986.htm
文部科学省（2017b）「小学校学習指導要領解説　総合的な学習の時間編」。
　http://www.mext.go.jp/component/a_menu/education/micro_detail/__icsFiles/afieldfile/2017/10/19/1387017_14_2.pdf
文部科学省（2011）『今，求められる力を高める総合的な学習の時間の展開（小学校編）』教育出版株式会社，64～99頁。
東洋館出版社編集部編（2017）『平成29年版　新学習指導要領ポイント総整理』東洋館出版編集部編，291～299頁。
京都市立西陣中央小学校「平成28年度研修のまとめ」。
京都市立錦林小学校「平成28年度校内研修のまとめ」。

学習の課題

(1) 例示された探究課題の中から一つを取り上げ，どのようが学習活動が児童の資質・能力を高めることができるのか，具体的な教材を取り上げながら説明してみよう。

(2) 自分の住む地域を対象として「願う児童像」を設定し，目標実現のために教材を開発し，その学習活動の概要を記述してみよう。

【さらに学びたい人のための図書】

奈須正裕著（1999）『総合学習を指導できる教師の力量』（オピニオン叢書54）明治図書。
　⇨児童中心の視点に立つ総合学習の実現に向けて教師が身に付けるべき力量を具体的な授業場面を取り上げながら論じている。
井出政廣編著（2010）『総合的な学習の時間　実践事例集』（教育技術 MOOK）小学館。
　⇨20年度版学習指導要領における総合的な学習の時間の実践について「いかに探究的な学習にしていくのか」の観点に沿って解説し，実践事例を紹介している。

（大畑健実）

第5章 総合的な学習の時間の学習指導

この章で学ぶこと

　総合的な学習の時間における学習指導において最も大切なことは，子どもたちの発想を大切にし育てる主体的，創造的な学習活動を展開することである。その上で，問題解決的な活動が発展的に繰り返される探究的な学習をすること，他者と共に課題を解決する協同的な学習とすることが重要である。加えて体験活動を重視するとともに，情報活用能力を育む学習過程は欠かせない。

　本章ではこれら総合的な学習の時間における学習指導を，1．探究的な学習とは何か，2．他者と協同して取り組む学習活動，3．総合的な学習の時間における体験活動，4．総合的な学習の時間における情報活用能力の育成，の4つの観点から明らかにする。

1　探究的な学習とは何か

(1) 探究の4つの過程

　探究的な学習とは，課題の設定，情報の収集，整理・分析，まとめ・表現の4つの問題解決的な学習が発展的に繰り返されていく一連の学習活動である。

　① 【課題の設定】　体験活動などを通して，課題を設定し課題意識を持つ
　② 【情報の収集】　必要な情報を取り出したり収集したりする
　③ 【整理・分析】　収集した情報を，整理したり分析したりして思考する
　④ 【まとめ・表現】　気づきや発見，自分の考えなどをまとめ，判断し，表現する　　　　　　　　　　　（文部科学省，2010，17頁）

　これまでの総合的な学習の時間の学習指導では，体験が学びになっていないことや，他教科・領域との学びの違いが問題視されてきた。そこで，総合的な

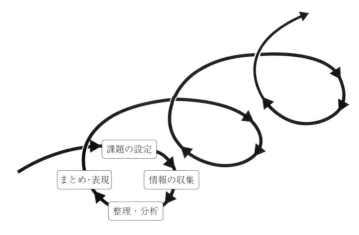

図5-1 探究的な学習における児童の学習の姿
出典：文部科学省，2008，16頁。

学習の時間らしい学習指導として，この探究的な学習の充実が求められたのである。

こうした探究の過程は，おおよその流れのイメージであり，いつも順序よく繰り返されるわけではなく，学習活動のねらいや特性などにより順序が前後する場合があるが，目標を設定し，どんな教材を使って子どもたちに学ばせるかと学習指導を考える際の基本的な枠組みとして，この探究の過程を意識したい。

図5-1を見ると，4つの過程はスパイラルに連続していることがわかる。つまり，「まとめ・表現」の段階の終末に新たな課題が生まれ，次の探究の過程が始まるのである。こうした「探究のスパイラル」が生み出される学習過程が総合的な学習の時間の学びらしい学習過程と言える。

（2）探究の4つの過程における学習指導のポイント

では，それぞれの段階ではどんなことに配慮したらよいのだろう。何よりも大切なのは，子どもの意欲や問題意識がつながっていることである。その過程を「子どもの思考の流れ」という。以下，子どもの思考の流れを考慮した探究

の過程の各段階における指導のポイントを示す。
① 課題の設定
　子どもたちが課題意識をもち，その意識が単元をとおして継続・発展するために，どんな課題を設定するかは重要である。そのためには，学習対象をどのように子どもたちに関わらせるかがこの過程でのポイントとなる。
　「あれ」「なんでだろう」「すてきだな」「自分もああなりたいな」等，これまでの子どもたちの考えとの「ずれ」や「隔たり」を感じさせたり，対象への「あこがれ」や「可能性」を感じさせたりする工夫をしていきたい。
　たとえば，前の単元で地域の清掃活動を行った子どもたちに，一週間後，再びごみが捨てられている現状を知らせる。地域がきれいになったことで活動は完結したと思っていた子どもたちにとって，新たな課題を知ることとなり，「どうしたら，もっときれいな地域になるのだろう」という課題意識を高めていく。
② 情報の収集
　まず，子どもたちが収集する情報や収集の仕方は多様であり，目的によって活動は変わってくることを理解しておかなければならない。子どもたちの実態と問題意識から，どんな情報を集めなければならないのかを吟味して観察，実験，見学，調査，探索，追体験等の活動を選択することがポイントである。
　こうして選択した活動で収集した情報を的確な方法で蓄積することにも配慮したい。見たこと聞いたことをファイルに集積することが大切だ。その際，感じたことやその時の思いなどもできる限り，言語化して蓄積することも配慮したい。
　なお，こうした情報の収集場面では，各教科で身に付けた知識や技能を発揮することが，より多くの情報，確かな情報を収集することにつながることも意識しておきたい。
③ 整理・分析
　多様な方法で収集した情報を整理・分析し，思考する活動へと高めていくことがこの過程の目的である。収集した情報を種類ごとに分析し，細分化して因

表 5-1 思考スキルと思考ツール

思考スキル	思考ツール
多面的に見る	X チャート／Y チャート／W チャート，くま手チャート，PMI
順序立てる	ステップチャート，プロット図
焦点化かする	ピラミッドチャート
比較する	ベン図
分類する	ベン図，座標軸
変化をとらえる	表，座標軸，同心円チャート
関係付ける	コンセプトマップ（概念マップ），表
関連付ける	コンセプトマップ（概念マップ）
変換する	該当なし
理由付ける	クラゲチャート，フィッシュボーン
見通す	キャンディチャート，フィッシュボーン，KWL
抽象化する	ピラミッドチャート
具体化する	該当なし
応用する	該当なし
推論する	キャンディチャート
広げてみる	ウェビングマップ（イメージマップ）
構造化する	プロット図，ピラミッドチャート，フィッシュボーン，バタフライチャート
要約する	ステップチャート
評価する	KWL，座標軸

出典：田村・黒上，2013，118頁。

果関係を導き出したり，批判的・複眼的な視点で分析したりする。それが思考することであり，そうした学習活動を位置づけることがポイントである。その際，「思考ツール」を効果的に活用したい。思考ツールは思考スキルによって使い分けられる。また，基本的には一人ひとりの考えをもとに意見を作り出すときに役立つが，協同で使うこともできる。思考ツールは子どもが思考する様々な場面によって使い分けるといい。たとえば，様々な考えを分類する際には「座標軸」を用いることで情報が可視化され，思考が整理される。他にも場面によって表 5-1 のような思考ツールを使うことで，子どもたちの思考を整理・分析する一助としたい。

④ まとめ・表現

情報の整理・分析を行った後，それを他者に伝えたり，自分自身の考えとしてまとめたりする学習活動を行う。この過程でのポイントは，学習を「深い学

び」にすることである。深い学びとは、自分の考えが明確になり、課題が一層鮮明になる。さらに、学んだことが生き方につながるような学びである。

深い学びを成立させるためには、他者を意識させることが大切である。たとえば、保護者や地域住民を招いて、学んだことを発表する会を設定したり、ポスターセッションを開いたり、テーマについて異なる立場で議論するパネルディスカッションを行ったりする方法が考えられる。

「深い学び」とは自分の考えが明確になり、課題が一層鮮明になり、学んだことが生き方につながる学びと述べた。こうした「深い学び」に子どもたちを導くのに欠かすことのできない方法が「協同的な学習」である。

2 他者と協同して取り組む学習活動

総合的な学習の時間においては、とくに、他者と協同して課題を解決することが重視される。それは、様々な考えをもつ他者と関わることは社会に参画するための資質・能力に大いに関わるからである。では、協同的に学ぶ学習活動とはどのようなものなのか。以下の3つの学習活動から、協同的に学ぶ良さを明らかにする。

（1）子どもたち同士の学び合いによる学習活動

学び合いによる学習活動を展開するためには、子どもの思考を動かし、解決せずにはいられない課題や問題の設定、解決に向けて思考を促し、学習者同士が交流するにふさわしい場の設定、子どもの思考の流れや展開を想定しての適切な授業過程の構成と支援が用意されている必要がある。

学び合いが目指すところは、子どもが、「学び合いのおかげで授業がよくわかった」「自分たちで解決できた、自分でできるようになった」と実感を得ることにある。教師が教えなければ子どもはわからないはずだ、という授業観をまず変えなければならない。

学び合いで大切なことは、「その時間はみんなが先生である」ことだ。子ど

もの自主的・協同的な学びを最大限尊重することで学び合いの良さがでる。しかし，学び合いが無計画に行われていたのではその教育効果は薄い。総合的な学習の時間の中での学び合いのねらいを明確にもつ必要がある。

では，学び合いを行うねらいとは何だろう。学力形成，人間形成，集団形成の3点から考えてみたい。

① 学力形成につながるねらい

学び合いは学習者同士の相互作用である。したがって自分の考えをもつことが前提となる。とかく学び合いは，発言できることに目がいってしまうが，まず自分の考えをもつこと，そして，相手の話を聴くことが大切である。これはコミュニケーションの基本と言っていい。学び合いによる課題の追求の場面では，まず子どもは様々なアイデアやばらばらの思いつきを思考し，それらを論理的に筋道立てて整理していく。そして，友だちと学ぶ過程で子どもの思考力は鍛えられ，判断力や表現力も高まっていく。

② 人間形成につながるねらい

学び合いにおいては他者から感謝されたり，褒められたり，必要だと思われたり，期待されたりする体験が多々ある。こうした体験をとおして子どもたちは，自己肯定感や自尊心を高めていく。また，他者との関わりの中で自分の良さや足りない点を認知し，自己理解を深めていく。

③ 集団形成につながるねらい

学び合いを成立させるには，集団の風土が決定的な影響を与える。「わからないことは誰にでもある」「わからないことは恥ずかしいことではない」「みんな一緒に伸びていく」，こうした学び合いにふさわしい風土づくりは，何もしないで初めからあるものではない。目的を持った取組を通して子どもたちが創り上げていくのである。それは誰もが安心して学校生活が送れる風土にもつながる。

（2）対話を通して他と協調し合う学習活動

学習科学（認知科学を基盤とした学習理論）の研究から，「人は同じ事実に出

第5章 総合的な学習の時間の学習指導

会っても，その捉え方はみな違う」ということが明らかになってきている。この捉え方の違いや多様性を生かした学習の仕方が「協調学習」である。この協調学習を教育現場で実践するためのひとつの学習活動が「知識構成型ジグソー法」である。

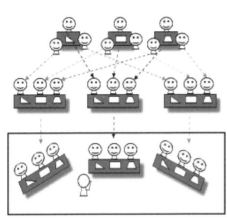

1.「学習課題」の提示
　　与えた資料を基に解決してほしい問いを出し，今の考えを一人でまとめる
2. エキスパート活動
　　担当資料を理解する・解く
　　（一人で挑戦→グループで確認）
〈グループ組み換えのための席替え〉
3. ジグソー活動
　　担当資料を紹介し合い，「学習課題」の解づくりに取り組む
4. クロストーク活動
　　「学習課題」の解を発表しあい，全体で議論する
5. 最後
　　「学習課題」に対する解をもういちど，一人でまとめる

図5-2　知的構成型ジグソー法の学習活動
出典：東京大学 大学発教育支援コンソーシアム推進機構（CoREF）作成。

知的構成ジグソーでの学習活動は次の通りに進められる。
① 答えを出したい問いを共有する。
② 答えに必要な3つほどの「部品」（視点の違う資料や情報）を受け取る
③ 小グループに分かれて，それぞれの「部品」の内容を理解する。（エキスパート活動）
④ その上で，部品を担当したものが一人ずつ集まってその内容を統合して問いの答えを出す。（ジグソー活動）
⑤ 答えが出たらそれを公表し合って，互いに検討し，一人一人自分にとって納得のいく解を構成する。（クロストーク活動）

（三宅ほか，2015，1頁〜44頁）

学校現場で協同を意図して用いられる方法としてグループ活動がある。大き

な集団ではなかなか意見が言えない子でも，グループになれば発言の機会が増えるということで，様々な教科・領域で実践されてきた。

しかし，単に集まって話し合うだけでは，新たな知を生み出すような建設的な相互作用は起こらない。また，うまく動いているように見えるグループ学習でも，優秀な司会の子がうまくリードしていることで話し合いが成立していたり，数人の子だけの意見をグループの意見としてまとめていたりと，対話が機能していないグループ学習をしばしば目にする。

対話が機能する学習活動にするためには，子どもたちにとって解決したい課題が明確であることと，子どもたち同士のコミュニケーションがアクティブであることが求められる。知的構成ジグソー法は，対話を機能させるための方法として有効な手立ての一つといえる。

（3）地域と協働して行う学習活動

社会に開かれた教育課程の観点からは，学校内だけでなく保護者や地域の人々を巻き込んだ学習活動が必要である。そこで，総合的な学習の時間を学校のみで行うという考えをやめ，地域を生かす方策を考えたい。地域の人たちと探究的な学習で活動を展開していくことで，地域の住民を協同者から，協働者へと導いていく。

静岡県島田市立川根小学校では「地域と学校が信頼し合ってみんなで学ぶ」地域協働型の学校づくりの一貫として「川根ラブ・アクション」に取り組んでいる。

自分たちが住む川根という地域のことを知り，川根がますます好きになり，ふるさと川根のために自分が出来ることで貢献していく学習活動である。

表5-2は地域協働を標榜した総合的な学習の時間における学習活動である。取り組む課題は地域が抱えている課題でもあるので，答えは容易に見つからない。したがって，学びには，「答えのない問いと向き合う」姿勢で臨む。そして，まずやってみることから始める。やったことからわかる課題を地域と共有し，みんなで新たな課題に対して向き合う学習活動が展開される。この学習活

表5-2 地域協働型の学習活動「川根ラブ・アクション」

	これまでの総合的な学習	川根ラブ・アクション
姿勢	答えを見つける・答えに向かって導く	答えのない問いに向き合う
学習集団	学年・学級	特定しない
サイクル	PDCA Plan（計画）Do（実行）Check（評価）Act（改善）	DCAP D：やってみよう C：もっとこうすれば A：修正しよう P：うまくいくためにみんなで協力して計画をたてよう
合議形成	議論	自然発生的な対話
教師の立ち位置	先導者	一緒に悩む・考える伴奏者
地域人材	活用	協働 ※信頼し合って学ぶ・想いが大事

出典：筆者作成。

動では，子ども，教師，地域がフラットな関係で学習を進めていくことが特徴である。

3　総合的な学習の時間における体験活動

　総合的な学習の時間では，体験活動の充実が欠かせない。その一方で，体験を組み込んだだけの総合的な学習が懸念される。では，総合的な学習の時間に体験活動をどのように設定すればいいのだろうか。そこで，総合的な学習の時間に体験活動を単元に位置づける際の学習指導のポイントを明らかにしたい。

（1）問題解決的な学習過程に体験を組み込む

　体験を4つの探究過程（課題の設定，情報の収集，整理・分析，まとめ・表現）のどこに位置づけるかだ。体験のもつインパクトと実感的な情報収集の優位性を考えれば「課題の設定」の段階と「情報収集」の段階が有効である。課題の設定の段階では教師が設定した体験活動を契機に，子どもたちが課題を見つけ

る活動につなげることが多い。情報の収集の段階では，体験学習する場でどのようなことを行えばよいかを考えるために，子どもは自分の行う学習活動の見通しをもっていることが大切である。自己課題はこうだから知りたいことは何か，そのためにどのような場所のどんな人を訪問したらよいかなど，問題解決的な学習活動に子ども自らが位置づけることが大切である。

　静岡市立城内中学校では「新プロジェクト城内～かけがえのない命を守るために～」をテーマに全校で防災教育に取り組んでいる。その活動の一つに「スクールバッグの作製・点検」がある。スクールバッグは1年生の総合的な学習の時間に作製する。「なぜ備品が準備されたか」「次に開ける時はどのような状況になっているのか」を考えた後，自分に宛てた手紙と保護者から書いてもらった手紙を一緒に箱詰めにする（望月，2012，18頁～21頁）。

　この実践は，スクールバッグを作るという体験によって課題が生まれる。つまり，「スクールバッグの中身は何か」「もし，使う時にはどんな気持ちか」「その時に必要な情報は何か」等を学んだ（課題の設定）。そこで学んだことをもとに，スクールバッグを開けたとき，自分にどんな情報が必要かを考え，自分に宛てた手紙に書いた（情報の収集）。さらに，この活動を自分たちだけの活動にせず，家族と共に共有したいという思いから，保護者に手紙を書いてもらうという活動につながっていったのである。

（2）体験と言語をつなぐ

　どんなに素晴らしい体験であっても，時間の経過とともに記憶が薄れ，子どもたちが獲得した情報は曖昧になってしまう。そこで，体験で獲得した情報を作文などに言語化し，知識として定着させることが求められる。しかし，「体験したことを作文に書きましょう」と投げかけ言語化するのでは子どもの意識の流れから外れ，次の活動につながらない。そこで，体験と書くことが密接に関連する学習活動の工夫が求められる。そうした学習活動の一つとして，小学校3年生の子どもたちが取り組んだ実践を紹介する。

　昔から地域に親しまれてきた米菓をつくる工場を学習対象に取り上げた「新

表5-3　探究的な学習と新聞づくりの関係

探究的な学習のプロセス	新聞づくりのプロセス
① 課題の設定	体験調査活動
② 情報の収集	（体験を通した取材）
③ 整理・分析	情報の整理・分析・吟味
④ まとめ・表現	新聞の作成 地域への発信

出典：田村ほか，2017，89頁。

聞づくり」の実践である。子どもたちは，総合的な学習の時間のテーマに迫るために，地域の魅力を「おすすめ」として情報を収集してきた。こうした「おすすめ」をたくさん見つけ新聞まとめて地域に発信してきた。この過程を繰り返すことで，地域の魅力に気づき，その良さを実感して，地域への愛着を深めていった（田村ほか，2017，76頁～95頁）。

　この体験と言語をつなぐ手段として「新聞づくり」が優れている点は，探究的な学習過程とプロセスが重なる部分が多い点である。それによって，子どもの思考の流れに沿った体験活動の言語化が図られている。

（3）自分で体験活動ができる機会や場を広げる

　これまでの体験活動は，教師が子ども全員を引率して行うことが常であった。総合的な学習の時間では，子どもそれぞれの課題が違うことから，個人やグループで地域の中で体験活動を行うことが多くなる。その場合，訪問する相手に電話でアポイントをとる，聞きたい内容をしっかり押さえるなどのスキルを，子ども個々が身に付けることが大切である。

　また，問題解決的な学習スタイルを知っていると，自己課題に応じてどのような体験活動をすればよいかなどがわかり，次々に追究が発展していく。その場合，課題追究が自分の意欲から生まれることが大切であって，子ども個々の学習活動を大切にして教師は適切なアドバイスを行うことである。

　子どもは課題追究が面白くなると，土曜日や日曜日，あるいは夏休みに親に

お願いして体験活動を行ったりする。親子共学が行われることもある。また，どこか旅行した機会を使って体験活動を行う場合もある。その基本は課題追究が面白くなることで，自分で体験活動できる機会や場を広げることは大切な学習である。

4　総合的な学習の時間における情報活用能力の育成

　情報活用能力はA情報活用の実践力，B情報の科学的理解，C情報社会に参画する態度の3つからなる（文部科学省，2010，72頁）。本節では情報活用の実践力を情報活用能力と捉え，総合的な学習の時間に育成する情報活用能力について考えたい。

（1）探究の過程における情報活用能力の育成
　情報活用といえばICT活用を連想するが，ICTの活用は，必要な情報の主体的な収集・判断・表現・処理・創造の一手段である。ただ難しいのは，他の情報活用ツールと比べて基本的なスキルが必要だということだ。そこで，総合的な学習の時間のみならず，各教科において計画的，段階的な指導が必要となる。また，ICTの活用においては情報モラルの視点から計画的な指導を行うことも求められている。したがって，ICTのスキルを磨く学習活動や情報モラルに関する学習は，総合的な学習の探究の過程とは別に実施することになる。
　ここでは，探究の過程においてどんな情報活用能力が育成されるか明らかにしたい。
　協同的な学習や体験的な学習と共に，総合的な学習の時間の学びの特徴として情報活用能力の育成は重要な視点であるからだ。
　まずは，表5-4を見てみよう。情報活用場面に応じて，育てるべき情報活用能力は多様であることがわかるだろう。こうした多様な情報活用能力の育成を意図し，活動を考えていきたい。
　では，表5-4に示した情報活用能力の育成を「これからの米づくり」にお

表5-4 探究過程での情報活用場面と情報活用能力

探求の過程	情報活用場面	情報活用能力
1 課題の設定	□課題解決の計画を立てる。	・図書閲覧 ・資料の比較 ・問題の序列化 ・インターネット閲覧
2 情報の収集	□各種メディアを使って情報を集める。 □目的に応じた適切な方法を用いて情報を収集する。	・文字の入力 ・インターネット閲覧 ・電子メールの送受信 ・デジタルカメラ等の操作 ・目的に応じた方法での情報収集 ・ファイルによる情報の集積
3 整理・分析	□情報を目的に応じて取捨選択する。 □多様な方法で整理する。 □情報を比較，統合する。	・電子ファイルの操作 ・ワープロの操作 ・表計算の操作 ・情報の比較 ・情報の整理・分析・思考ツールの活用
4 まとめ・表現	□情報を項目ごとにまとめる。 □情報を関連づけてまとめる。 □学習を振り返る。 □まとめたことを伝える相手に応じ表現方法を用いて表現したり，発信したりする。	・文章の編集 ・図表作製 ・目的に応じたまとめ方 ・受け手の状況を踏まえた表現 ・受け手の状況を踏まえた発信と伝達 ・ICTを使った交流

出典：文部科学省(2010)を参考に筆者作成。

ける課題設定の段階を例に考えてみる。

　米づくりにはどんな課題があるのかどんな対策があるかという情報を図書やインターネットで情報を収集する。その後，地域で実際に野菜を栽培する農家を訪ねインタビューすると，自分たちが事前に調べた課題と違っていたことに気づく。

　アンダーラインの部分はすべて情報活用能力の育成につながる。

　情報活用能力の育成の過程では，学習者が探したり，どの方法がいいか考えたりする自由を保障したい。教師がすべてお膳立てしてやらせる活動では，生きて働く汎用性のある能力の育成につながらない。情報活用能力を育成するた

めには是非，配慮したい点である。

（2）学年層に応じた情報活用能力の育成

　情報活用能力（情報活用の実践力）は，「課題や目的に応じた情報手段も適切な活用」「必要な情報の主体的な収集・判断・表現・処理・創造」「受け手の状況などを踏まえた発信・伝達」の3つからなるといわれる。

　そして，それぞれ学年層に応じた育成の視点がある。たとえば，「課題や目的に応じた情報手段の適切な活用」について，小学校段階ではICTの操作に慣れ親しむことが大切だと述べている。それが中学校段階になるとICT危機やソフトウェアの活用の幅を広げる，とある。「必要な情報の主体的な収集・判断・表現・処理・創造」「受け手の状況などを踏まえた発信・伝達」についても，中学校の段階では，小学校で培った力を広げたり，工夫したり，発展させると書かれている。つまり，情報活用能力の育成においては，学年の発達段階を踏まえたスキルや使い方，探究過程への位置づけが大切となる（文部科学省，2010，72頁〜97頁）。

　学年層に応じた情報活用能力の育成のもう一つの視点は，子どもの情報の捉え方が学年によって変化してくることに伴い，伝えたい内容や使いたいツールも変わってくるということだ。たとえば，3・4年生の発達段階では，グループで活動したことを友だちや他のグループに伝えたいという思いや願いをもつ。5・6年生になると調べたり考えたりわかったことを友だち・保護者・地域の人たちに伝えたいという思いや願いをもつ。中学生になると，多面的に調べ吟味したことを自分たちが考えた解決方法や改善策として提言したいという思いや願いをもつ。こうした学年層ごとの発達段階に応じた活動内容を選び，情報活用能力の育成を図っていきたい。

　子どもの願いや思いに対応した情報能力育成の事例をいくつか紹介する。
　　□小学校3学年「私たちの地域の生き物を調べよう」
　　　・生き物についての話し合いとKJ法によるまとめ
　　　・校区の生き物調べ生き物マップづくり

- 発表準備と模擬発表会（この後，学習発表会でも発表した。）
☐小学校5・6学年「マスメディア探検隊」
- テーマを設定した調査とメディアを活用した取材活動
- 紙メディアを活用した表現と動画編集による表現
- 5・6年合同発表会と相互評価，外部専門家による評価活動
☐中学校1学年「地域と共に生きる」
- KJ法，ウェビングなどの手法を活用した情報の整理
- 野菜の栽培，勤労体験をまとめてわかりやすく表現
- コミュニケーション能力やプレゼンテーション能力の育成

（平松，2001，9～11頁）

　総合的な学習の時間においては小学校3・4年生と中学校3年生が同じ題材で学習することがある。その際，情報活用能力という視点から学習指導を考えてみれば，自ずとその学年で押さえたい資質・能力として違いが表れるだろう。

引用文献

文部科学省（2008）『小学校学習指導要領解説 総合的な学習の時間編』東洋館出版。
文部科学省（2010）『今，求められる力を高める総合的な学習の時間の展開』東洋館出版，17～47頁。
田村　学・黒上晴夫（2013）『考えるってこういうことか！「思考ツール」の授業』小学館。
関根廣志（2016）「『学び合い』の基本について──「アクティブ・ラーニング」との関係も少し視野にいれて」日本協同教育学会論文。
三宅なほみほか（2015）『協調学習 授業デザインハンドブック──知識構成型ジグソー法を用いた授業づくり−』CoREF。
望月弘敏（2012）「最優秀賞 学校部門『新』プロジェクト城内──かけがえのない命を守るために」日教弘教育賞：教育研究集録。
田村　学（2017）『カリキュラム・マネジメント入門』東洋館出版。
文部科学省（2010）「教育の情報化に関する手引き」。
平松　茂（2001）「総合的な学習の時間に進める情報教育の基本カリキュラム──県内の先進実践事例を取り上げて」岡山県情報教育センター。

> 学習の課題
>
> ◇地域に住む方から田んぼを貸していただくことになりました。そこで田んぼを使ってどんな探究の過程を構想しますか？ 任意の学年を決めて考えよう。
> ① 体験を通して課題を設定しよう。
> ② 情報収集の方法を考えよう。
> ③ 整理・分析の段階で取り組ませたい「協同学習」を考えよう。
> ④ まとめ・表現の段階では子どもたちが学んだことを誰に，どのような方法で発信するか考えよう。また，この探究の過程の後に生まれる新たな課題を考えよう。

【さらに学びたい人のための図書】

高浦勝義（1988）『総合学習の理論・実践・評価』黎明書房。
片上宗二・木原俊行（2001）『新しい学びをひらく総合学習』ミネルヴァ書房。
　　⇨この2冊は平成10年に始まった「総合的な学習の時間」についての理論的な背景や授業作り，カリキュラムづくりのプロセスを解説しているので，総合的学習とは何かを知る上で参考となるだろう。
西川　純（2014）『クラスと学校が幸せになる「学び合い」入門』明治図書。
　　⇨2（1）で取り上げた「学び合い」を子ども，教師，親の立場からその良さと可能性を説明している。
白水　始（2016）『協調学習とは』北大路書房。
　　⇨2-（2）で取り上げた「協調学習」をわかりやすく解説している。協調学習を，対話を通して理解を深めるアクティブラーニング型授業として紹介している。

（石原一則）

第6章 総合的な学習の時間における評価

この章で学ぶこと

本章では,「総合的な学習の時間」における評価の基本を理解することをねらいとする。まず,小学校と中学校での実践例を見ることで,総合的な学習の時間における評価のイメージをつかもう。その上で,学力評価の基本用語や,2017(平成29)年の学習指導要領で示された総合的な学習の時間における評価の方法のポイントと留意点を押さえる。学習指導要領とは,各学校が教育課程(学校教育全体の計画)を編成するときに守るべき国の基準である。総合的な学習の時間における評価は,教師だけではなく子どもたちや保護者など様々な人が参加しながら,学習を豊かにするものであることを感じ取ろう。

1　小学校での実践例

はじめに,総合的な学習の時間における評価の小学校での実践例をみてみよう(香川大学教育学部附属高松小学校,2013,37～42頁,112～117頁)。香川大学教育学部附属高松小学校の総合的な学習の時間「楷の木活動」では,評価方法として,パフォーマンス評価を取り入れている。

パフォーマンス評価とは,知識や技能を使いこなせるかを,表現や行動といった観察可能なパフォーマンスを通して見取る評価方法の総称である。図6-1の選択回答式の問題以外はすべて,パフォーマンス評価の様々な方法である。考えの根拠を聞く発問,活動の観察,実技テスト,レポート,プレゼンテーションなど,多様な方法がある(西岡,2016,85頁)。

「楷の木活動」ではグループや個人の課題を追究していくため,探究活動は子どもによって異なり,時には学年の枠を超えた成長をする子もいる。そのた

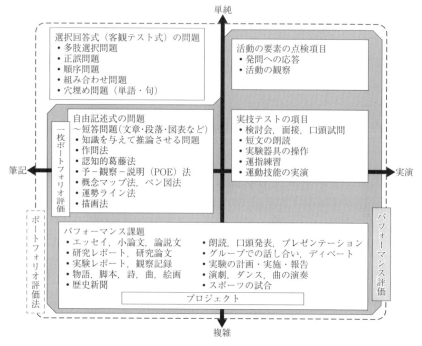

図6-1　パフォーマンス評価の様々な方法

出典：西岡，2016，83頁。

め，探究の進展を長期的な視野で見取るべく，これまでの子どもたちの姿をもとに，図6-2の「楠の木活動の長期的ルーブリック」が作成された。探究の継続・協同・創造という3つの観点について，4つのステップが設定されている。各観点のそれぞれのステップで，どのような姿が期待されるかが書かれている。子ども一人ひとりの探究の姿が，各観点のどのステップであるかを教師が見取り，言葉かけなどの指導に生かすことができる。

　ルーブリックとは，成功の度合いを示す数レベル程度の尺度と，それぞれのレベルに対応するパフォーマンスの特徴から成る評価基準表である。ルーブリックには，評価課題ごとのルーブリックや，単元（第一次世界大戦などの学習内容のまとまり）ごとのルーブリック，教科ごとのルーブリック，長期にわた

目指す子ども	○自ら学び自ら考える子 ・自分で課題を見付けたりつくったりし，それらをよりよく解決していこうとする。自らの課題を明確にもっているため活動への意欲が高く，日常的に探究をし続けている。 ・課題の解決に向けて，様々な人と関わりをもちながらよりよい解決方法を見出している。また，仲間の探究する姿のよさや，活動の価値を感じ取ることによって，自らの活動に生かしたり，見つめ直したりしている。 ・自分の活動を客観的に分析したり，見通しをもって新しい解決方法を生み出したりする等して，自己の活動に対する見方・考え方を深めている。					
評価の観点	観点の趣旨		Step4	Step3	Step2	Step1
			第6学年 ←			第1学年
	継続	・自らの課題に対してこだわりをもつことで，解決に向けて主体的に活動を進める。また，この活動は一時的なものではなく，継続的に行われ，活動が進むにつれ新たな疑問が生まれたりつくられたりする。	・自分のこだわりをもち，実現に向けて主体的継続的に取り組む。 ・明確な課題意識のもと，これまでの活動から生まれた根拠をもとに見通しをもった活動に取り組んでいる。 ・想定したことと事実を分析・整理しながら新しい課題と見通しをもち続けている。	・自らの課題をもって意欲的に取り組んでいる。 ・明確な課題をもつとともに，解決に向けた見通しをもって継続的に活動に取り組んでいる。	・共有した課題意識のもとに，様々な活動に対して，意欲的に活動に参加し，楽しそうに取り組んでいる。 ・決めた活動を最後まで取り組み，新しい疑問をもっている。	・意欲的に活動に取り組んでいる。
	協同	・課題を解決する過程では，様々な情報を集めたり多様な方法を試したりするが，その中核になるのが人との関わりである。 ・仲間とともに課題を共有したり解決に向けての方法を考え試したりする。また，広い視野をもって多様な人々から情報を得たり，自分の解決の方法に対する意見をもらったりする。そうすることで，解決の方向性を見出す。	・課題解決への見通しをもった上で，多様な人々へ自ら関わりを求め，解決に生かしている。 ・仲間とともに活動したり，様々な仲間の活動を理解したりすることで互いの特徴を知るとともに，仲間の活動する姿から探究のよりよい姿を見出し，自らの活動のよさを実感したり，改善の方向性を検討したりしている。	・仲間や専門家，地域の人等との関わり方を知り，課題解決のために必要な人たちと進んで関わり，活動を進めている。 ・仲間と活動を共にすることによって，自他のよさを実感するとともに，自己の活動を見つめ直したり改善したりしている。	・仲間と互いの思いや考えを伝え合うよさを知り，交流を通してよりよい解決方法を考えている。 ・仲間の活動のよさを見付け，自分に生かせるところは進んで取り入れようとしている。	・自分の活動を仲間に伝えようとしている。仲間の活動を見たり聞いたりして，質問している。 ・必要に応じて，仲間と一緒に活動することを楽しんでいる。
	創造	・単なる疑問や興味・関心のあることではなく，価値ある課題について考え，自らの課題を見出す。 ・自らの課題解決への見通しをもち，様々な情報を集め試したり，結果を分析・判断したりしながら新たな解決方法を生み出す。そして，課題を解決する過程での自他評価によって，自らの活動に対する見方・考え方を深める。	・実社会・実生活だけでなく，自分の生き方・在り方と関わった価値ある課題を見出している。 ・解決に向けたよりよい方法を多様な視点から分析・判断し，新たな解決方法を生み出している。 ・活動過程を通して自分の活動に対する見方・考え方を深めている。	・実社会・実生活にも目を向けた価値ある課題を見出している。 ・調べた情報や体験活動だけでなく，自他評価の視点をもとにして，新たな解決方法を生み出している。	・様々な活動をすることで，新しい課題を自分なりに見出している。 ・根拠をもった解決方法を見出し，実際に試しながら考えを深めている。	・自分なりの考えをもって，様々な活動をしている。 ・自分なりの方法をいろいろ試している。

図6－2　階の木活動の長期的ルーブリック

出典：香川大学教育学部附属高松小学校，2013，38頁。

る成長を描き出す長期的ルーブリックなど，評価の対象によって様々な種類がある。また，図6-2は観点別のルーブリックであるが，観点を分けない全体的ルーブリックというものもある（西岡，2016，100～101頁）。

「楷の木活動」では，上述の長期的ルーブリックを踏まえつつ，豊かな探究を行うためのポイント（評価規準）を教師と子どもが共有することで，子どもがそれに基づいて自己評価し，各自の探究を深めている。

4年生・5年生では，地域を盛り上げるために，香川のよさを商店街などで観光客に発信するというパフォーマンス課題に，学年混合グループで取り組んだ。パフォーマンス課題とは，現実世界にありそうなリアルな文脈で，様々な知識や技能を総合して使いこなすことを求める複雑な課題のことである（西岡，2016，85頁）。授業では，各自が調べたり考えたりした内容を，グループごとに板書にまとめ，他のグループを観光客に見立てて順に発表する。質疑応答の後，本日のNo.1の発表をグループで決め，選んだ理由を紙に書き，黒板に貼る。教師は，これを見ながら，長期的ルーブリックを意識して，「□□さんの紹介の方法を使って次は取り組もう」など，子どものよい姿を価値づける。このように，探究を展開するための要素を，子ども同士で評価させて紙に可視化させ，教師の価値づけ（形成的評価）を通して子どもたちと共有している。

また，6年生では，子どもたち自身で探究の評価規準を考え，作成した。継続（つづける）の観点では，「課題をはっきりもつ」や「先を見据えて，活動する（活動の見通し）」「失敗の原因を考えて，改善の方向を考える」など，協同（つながり）の観点では，「解決するために，身近な人や，ものとかかわる」や「仲間の活動をしり，追究活動のつながりを考える」「家族・関係した会社・外国の人等から，解決のヒントをえる」，創造（生み出す）の観点では，「多様な解決方法を見付け試す」「今までと違う視点をもつ」「自分のこだわりを見つめる」などである。これらは教師が表にまとめ，毎時間黒板に掲示して子どもと共有し，探究の進度に合わせて内容を修正・付加した。

以上のように，教師が一方的に評価規準（どんな観点で評価するか）を提示するのではなく，子どもたちが友だちのパフォーマンス評価を行ったり，話し

合って評価規準を自ら作ったりすることで，実感を伴うことばとして子どもたちの中から生まれてくるからこそ，評価規準が子どもに受け入れられ，子どもはそれに照らして自らの探究を主体的に改善していけるのである。

2 中学校での実践例

　続いて，総合的な学習の時間における評価の中学校の実践例をみてみよう（田中，2003）。神奈川県相模原市立谷口中学校の総合的な学習の時間「谷口ドリーム学習」では，「コミュニケーション能力」「情報活用能力」「課題解決能力」からなる「生き方スキル」を，課題解決学習で身に付けていく。

　1年生では，地域についてグループで学習する。2年生では，環境，文化，福祉，国際という領域から1つを選択して，個人やグループで探究する。3年生では，夢や生き方につながる課題を設定して個人で探究する。

　この「谷口ドリーム学習」では，ポートフォリオ評価法を取り入れており，子どもの自己評価や，友だちによる評価，保護者や地域の方による評価など，さまざまな評価が組み合わされている。

　ポートフォリオとは，子どもの作品や，自己評価の記録，教師の指導と評価の記録などを，ファイルや箱などに系統的に蓄積していくものをさす。ここでの作品には，完成作品だけではなく，メモや収集した資料など，学習の過程を表すものも含められる（西岡，2016，182〜183頁）。さらに，近年普及し始めている「eポートフォリオ」を使えば，映像や画像も保存できる。（小川・小村，2012）。ポートノリオ評価法とは，ポートフォリオづくりを通して，子どもが自らの学習のあり方について自己評価することを促すとともに，教師も子どもの学習活動と自らの教育活動を評価するアプローチである。

　同校の生徒は，毎回の学習のまとめ（予想，活動，結果，考察のプリント）や，授業の感想，資料などを，各自のポートフォリオファイルにためていく。

　ある程度学習が進むと，「ポートフォリオ検討会」を行う。生徒は，自分のポートフォリオファイルの中身を整理し，一番自慢できる「ベスト学習物」

(学習のまとめなど）を選ぶ。6～7人のグループの中で，ベスト学習物を回し読み，よかったところや感想などをポストイット®（貼り付けできる付箋紙）に書いて，ベスト学習物の裏に貼りつける。これを元にしながら，各自のベスト学習物のどんなところがどのような理由でよいのか，自分がよいと思っているところはグループの他の人がよいと思ったところと同じなのか，グループで話し合う。その上で，どんなベスト学習物がよいのか，クラス全体で話し合う。

11月には，「中間発表会」を開催する。ポートフォリオの中から3つのものを選び，自分の研究の内容や進行状況を，全校生徒や保護者，地域の方に，3分程度で，一対一で説明する。発表を聞いた人には，感想をポストイットに書いてもらう。この感想を新聞にまとめたり，箇条書きや数値化などを用いて分析したりして，自分のよさを発見し，次の学習でどうしたらいいかを考える。

各学期末には，「ドリーム学習を終えて」という通知表代わりの文書を使う。「ドリーム学習10ポイント」という評価規準を意識しながら，生徒はここに自己評価を書く。そして，ポートフォリオファイルとこの文書を保護者に見せながら，自分の学習を説明し，保護者に感想を書いてもらう。

ドリーム学習10ポイントは，様々な評価の際に子どもや教師がつねに意識する共通の評価規準である。それは，なぜやるのか，見通しはあるのか，どうやるのか，意義はあるのか，ふれあいはあるのか，外に出て活動したか，発見や疑問があったか，感動や喜びがあったか，悩みや失敗があったか，次の学習はどうするのか，である。これらは生徒がつまずきやすいポイントをもとに作成されたもので，子どもにわかりやすいことばで書かれている。

各学年末には，「生き方スキル」の習得状況を，「学びのプロセス表」（図6-3）で自己評価する。3年生の最後には，3年生のときの自分の探究の内容を図解化し，3年間の探究の過程を「プロフィール表」（文章）にまとめる。

以上のように，ドリーム学習10ポイントという評価規準に基づきながら，学習の最後だけではなく学習の途中でも，自己評価と，友だちによる評価，保護者や地域の方による評価を重ねていく。これは，自分とは違う見方・考え方にふれ，様々な角度から考察できるようにするためのしかけである。自己評価は，

第6章 総合的な学習の時間における評価

生き方スキルで見る学びのプロセス　平成14年度版

3年（　）組（　）番　氏名（　　　　　　　　）

☆1年生から考えて自分が行ったことは■、身につけられたと思うことは■でチェックしてみましょう。

学習段階 学習ステップ	予想される生き方スキルの一覧 ※この一つ一つの生き方スキルの中に、ねらい、方法、内容、考え方、マナー行動力、評価などの活動が入ります。
気づく　出会い	☆人や物との出会い（共通体験）　■福祉・健康体験（福祉体験学習・講話等） ■環境体験（農業体験・緑化作業・クリーン作業等）　■国際体験（ふれあい講演会等） ■伝統・文化体験（議会遠足・修学旅行等） ☆自分との出会い（個人体験）　■自分の学習や経験を振りかえる（自分史・思い出整理等） ☆地域・社会との出会い　■学校や地域を巡る ☆総合的な学習との出会い　■総合的な学習についての話を聞き学習をイメージする
気づく　課題設定	☆物の考え方　■自分にとってという見方（自分なりの京都・奈良等） ☆何かと関連・比較させた見方（ウェビング等） ☆課題を絞り込む　■絞り込むための情報収集（事前調査）　■課題設定理由を明らかにする ■他の人と話し合う　□支援者と相談（先生・保護者との相談）
見通す　計画立案	☆学習イメージ作り　■学習の日程を確認し、全体を把握する　■計画表を作る □予想・仮説を立てる　■発表方法を考える ☆環境作り　□研究グループを作る（研究会・ゼミ・グループ作り・役割分担決め等）
考える　課題追究	☆情報収集（調べもの）　□アンケート　■本・雑誌　□テレビ・ビデオ　■インターネット ☆情報収集（対人）　□アポイント　□インタビュー　■ふれあい　□一日体験 □手紙・Eメール　□電話インタビュー　□ボランティア ☆情報収集（自主行動）　□実験　□観察（野草調べ）　□実地調査（神社巡り） ☆創造活動　□ものづくり　□栽培（花等）　□人に教える　□習う（スポーツ・手話等） ☆情報整理　■まとめシート　□写真　□ビデオ　□録音　□コンピュータ　□情報に気づく ☆施設利用　■学校図書館　□公共図書館　□公共施設（博物館・市役所等）　□PCルーム ☆マナー・約束　■あいさつ　□話し方　□プライバシー　□著作権
広げる　中間発表	☆発表の準備　■ねらいを明確にする　■ねらいに沿った情報整理　□原稿、シナリオ作り ☆発表形態　□ディベート　■ポートフォリオ発表　□ポートフォリオ検討会 □屋台形式　□ブース形式　□パネルディスカッション　□シンポジウム ☆発表の工夫　□資料の出し方　□機器の使い方（OHP・OHC・コンピュータ・ビデオ等） □工夫（クイズ・ゲーム・ワークショップ等） ☆考えを広げる　□意見、感想を聞く、もらう　□もらった意見をまとめる　□話し合う ☆自分の振り返り　■課題に対して（軌道修正・方向転換・課題検証等）　■研究姿勢に対して
深める　課題追究	☆情報分析　□図や表　□グラフ　□情報を読みとる　□情報・データを考察 ☆検証　■対立する情報・意見との比較　■情報を自の目で確認　□複数情報の収集 ☆学習グループで　□考えを深める話し合い　□テーマを決めた話し合い　□情報交換 □意見交換　□ロールプレイ　□ディベート ☆自分で　■なぜ、どうしてと考える　□もし自分だったら　■事実と考えを分ける ■情報と情報をつなげる（関連）　□論理の展開を考える
まとめる　記録・発表	☆報告書　□レポートの書き方　□工夫した書き方（絵・写真・グラフ・図・色使い等） ■まとめシート　■図解 ☆発表の準備　■主張を明確にする　■資料作り（掲示・配布）　□原稿作り　□リハーサル ☆発表形態　■ポートフォリオ発表　□屋台方式　□シンポジウム □パネルディスカッション　□ポスターセッション　□実演（劇・演奏等） ☆発表の工夫　□機器の使用（OHP・OHC・コンピュータ・ビデオ等）　■スピーチの方法 □展示（作品・模型等）　□参加型（クイズ・ゲーム・ワークショップ等） ☆参観者　■しっかりした聞き方　□質問や意見の仕方　□発表者への評価・感想 ☆会の運営　□企画の立て方　□運営の仕方　□外部との折衝（案内状等）　□記録をとる
つなげる　提言	☆学習の整理　■提出用ポートフォリオの作成（目次・インデックス・差し替え等） ■学習内容のまとめ（まとめシート・絵本形式・レポート・ホームページ等） ☆自分の振り返り　■学習プロフィール表の作成　■感想文（自分にとってのドリーム学習） ■自己評価　■学びのプロセス確認（この用紙） ☆次につなげる　■学習につなげる　□日常活動へつなげる　■自分の生き方を考える （具体的な提言活動）　□後輩につなげる　□友だちにつなげる　■地域・社会につなげる
全体を通して	☆評価活動　■10ポイントを意識して評価する　■ポートフォリオへの資料収集 ■ポートフォリオ整理　■自己評価の記入（計画表・ドリーム学習の足跡） ☆ポストイット　□他人のよさを見つめる　□いつでもどこでも交換 □もらって嬉しような記入の仕方　□ポストイット新作り ☆研究全体　□全体の流れを意識した計画的な活動　□成就感・達成感が持てる活動 ☆学習を楽しむ　□考えることを楽しむ　□失敗をおそれない　□好奇心を持つ □困難を乗り越える　■最後までやり通す　□友だち・知り合いを増やす

図6-3　「学びのプロセス表」

出典：田中, 2003。

評価の主体	教師			自分	友だち	保護者や地域の方
名称	教師による評価			自己評価	相互評価	他者評価
評価の機能	診断的評価	形成的評価	総括的評価（評定）			
評価の表し方			数値	数値以外（文章など）		

図6-4　様々な種類の評価
出典：筆者作成。

表，図解，文章といった様々な方法をとることで，学びの過程や成果を多面的に評価できるように工夫されている。また，評価して終わりではなく，評価をもとに次の学習での改善点を生徒が見つけることが大事にされている。

3　総合的な学習の時間における評価のポイント

(1) 学力評価とは

　小学校と中学校の実践例を見て，このどこが評価なのか，疑問に思った読者がいるかもしれない。評価といえば，テストが100点満点中何点であるとか，通知表に「よくできる」が何個あるとか，そういうものではないかと。

　実は，子どもたちの学力の習得状況を評価する学力評価のうち，このような評価はほんの一部なのである（田中，2008，83〜85頁，121〜126頁）。

　図6-4にまとめたように，まず，評価の主体（誰が評価するか）によって，学力評価には，教師が評価する「教師による評価」だけではなく，子どもが自分を評価する「自己評価」や，友だちが評価する「相互評価」，保護者や地域の方などが評価する「他者評価」もある。自己評価とは，自分の学習の状態を評価し，自分の値打ちを発見するとともに，今後の学習を調整することである。

　さらに，教師による評価は，評価の機能によって，「診断的評価」と「形成

的評価」と「総括的評価（評定）」に分かれる。診断的評価は、学習開始前に、子どもの学習状況（学習の前提となる学力や生活経験の実態や有無など）を確認するために行う評価である。たとえば、中学校理科の電流の単元なら、小学校の電流の単元で学んだ内容の問題を解かせたり、時計の電池を替えたことがあるか発問したりすることがあげられる。診断的評価の結果を踏まえて、学習の内容を調整する。形成的評価は、学習の途中に、子どもの学習状況を把握するために行う評価である。つまずいている子どもがいたら補充学習を、よくできている生徒がいたら発展学習を行うなど、形成的評価の結果を踏まえて指導計画を修正する。総括的評価は、学習の終了時に、目標を達成したかどうかを判定するために行う評価である。総括的評価の結果に基づいて、評定（成績）がつけられる。診断的評価や形成的評価の結果は、成績に入れない。

　このように教師による評価の機能が分かれているのは、評価とは本来、子どもたちを値踏みしたり、序列化・選抜したりするために行うものではなく、子どもの学習状況を踏まえて指導や学習の改善に活かすために行うものだからである。評価の結果が悪いとき、半分は子どもの責任かもしれないが、もう半分は教師の責任である。教師の教え方がもっとよかったら、評価の結果はもっとよかったはずだからである。子どもの学力評価は、教師の授業に対する評価でもある。したがって、教師は評価の結果を見て、指導を反省し、よりよいものに改善していかなければならない。

　その際、総括的評価を行うだけだと、評価の結果が悪くても、学習は終わってしまっているので、指導を改善しても間に合わない。そのため、学習の開始時や途中にも診断的評価や形成的評価を行い、子どもの学習状況に合わせてその都度、指導を調整していくのである。

　また、評価の結果の表し方には、5段階の5など数値で表す方法だけではなく、文章で書くなど、数値以外で表す方法もある。

　以上のように、通知表に「よくできる」が何個あるといった評価は、学力評価の中で、教師による総括的評価を数値によって表す方法という、ほんの一部（図6-4の灰色の部分）である。指導や学習の改善に評価を活かすためには、こ

のような評価だけではなく，教師による診断的評価や形成的評価，自己評価，相互評価，他者評価を組み合わせ，教師も子どもも指導や学習を振り返る機会を設けることが重要である。それゆえ第1節や第2節の実践では，子どものよい姿を価値づける形成的評価や，学びを図解や文章，表で振り返る自己評価，No.1の発表を決めたり，ベスト学習物にコメントしたりする相互評価，保護者や地域の方に感想を書いてもらう他者評価が組み込まれていたのである。

（2）2017年の学習指導要領における留意点

2017（平成29）年には，小学校と中学校の新しい学習指導要領が告示された。学習指導要領とは，教育課程の国の基準である。教育課程とは，教科だけではなく，道徳や特別活動（学校行事や学級活動，児童会活動・生徒会活動など），総合的な学習の時間などもふくめた，学校全体の教育計画のことをさす。各学校が自校の教育課程をつくる際には，学習指導要領の内容を守らないといけない。

2017年の新しい学習指導要領によると，総合的な学習の時間における学力評価の方法は，2008（平成20）年の学習指導要領で示されていた方法から基本的に変わらない（文部科学省，2017，19〜22頁，118〜121頁）。

まず，学習指導要領に示された総合的な学習の時間の目標や学校の教育目標を踏まえ，総合的な学習の時間の各単元の教育目標（ねらい）として，育成を目指す資質・能力を定める。資質・能力とは，社会において自立的に生きるために必要とされる力をさす。資質・能力は，知識・技能と，思考力・判断力・表現力等，学びに向かう力・人間性等（態度や情意面）という3つの柱ごとに決める。

次に，この資質・能力を育むためにふさわしい，総合的な学習の時間の内容を設定する。内容とは，探究課題（テーマ）のことをさす。

そして，実際の探究の場面で期待される子どもたちの姿を想起しながら，各単元の評価の観点と評価規準を決める。評価の観点は，子どもたちの学びを見とる視点である。評価規準は，教育目標・内容を具体的に言い換えたものになる（図6-5の実践例を参照。出典の参考資料には中学校版もある）。

第6章　総合的な学習の時間における評価

（1）単元の概要（全70時間）
①単元の目標
　そばをつくる活動を通して，食をめぐる問題や生活習慣と健康との関わりなどについて考え，自分の生活を見直してよりよい生活環境を創造し，実践しようとする。
②単元で育てようとする資質や能力及び態度
ア　問題状況の中から課題を発見し，設定する。
イ　課題解決を目指して事象を比較したり，関連付けたりして考える。
ウ　自らの生活の在り方を見直し，実践する。
エ　異なる意見や他者の考えを受け入れる。
③単元で学ぶ内容
ア　食をめぐる問題の解決とよりよい食生活の創造を目指した取組
イ　自分たちの生活習慣と健康との関わり
（2）単元の評価規準

評価の観点	学習方法		自分自身	他者や社会とのかかわり
	課題設定	思考・分析	自己理解	他者理解
単元の評価規準	・ウェビングを使って「そば」に関する一年を見通した学習活動を構想し，KJ法的な手法を使って課題を設定している。【②―ア，③―ア】 ・自分の食生活を見つめ直し，食生活改善に向けた学習計画を立てている。【②―ア，③―イ】	・栽培活動の中で生じた課題を解決するために，互いの考えを比較したり，関連付けたりしながらより適切な解決策を見い出している。【②―イ，③―ア】 ・友だちの考えや，専門家などの話を聞いたり本やインターネットなどで調べたりして得た情報の中から優先度の高いものを選び出し，「食生活改善宣言」を作成している。【②―イ，③―イ】	・そばづくりを通して活動してきたことを振り返り，自分のがんばりやできたことに気付いたり，健康食としてのそばに興味をもったりしている。【②―ウ，③―ア】 ・「長生きできる献立」を考え，自分の食生活を見直したり実践しようとしたりしたことを報告書にまとめている。【②―ウ，③―イ】	・そばづくりを通して生じた様々な課題を解決するために，他の児童や地域の方などの考えや意見などを積極的に取り入れている。【②―エ，③―ア】 ・「長生きできる食生活や献立」を考えるために，他の児童や専門家の考えやアドバイスを参考にしている。【②―エ，③―イ】

（注）　評価規準の【　】内は，単元の概要②③の各項目との対応を表す。

図6-5　評価規準の例：小学校6年生の単元「めざせ名人！　そばづくり！！」
出典：国立教育政策研究所教育課程研究センター（2011, 14～15頁）を筆者が一部省略。

この評価の観点と評価規準に基づき，教科のように数値的に評価するのではなく，子どものよい点や進歩の状況，身に付いた資質・能力などを文章で評価する。公的な評価簿である指導要録にも，評定は書かず，文章による評価を記載する。指導要録は，通知表や内申書（調査書）のもとになる文書で，生徒一人ひとりの学習状況などについて記載し，保管することが義務づけられている。

4 総合的な学習の時間における評価の方法

（1）総合的な学習の時間における様々な評価方法

総合的な学習の時間では，子どもの学習活動がグループによって，または個人によって異なるため，教科のようなペーパーテストで一律に評価することはできない。

そこで，文部科学省の指導資料では，総合的な学習の時間の評価方法として，次の六つが紹介されている（文部科学省，2011，105～106頁）。それは，観察による評価と，制作物による評価，ポートフォリオによる評価，パフォーマンス評価，自己評価や相互評価，他者評価である。制作物による評価とは，レポートやワークシート，ノート，作文，絵などの制作物を評価する方法である。

評価方法については，① 信頼される評価の方法であること，② 多面的な評価の方法であること，③ 学習の過程を評価する方法であること，の3点が重要である。第一に，評価する教師によって評価の結果が著しく違うということにならないよう，教師間で評価規準を共通理解しておく。第二に，子どもの成長を多面的に捉えるためには，評価規準として設定した資質・能力を捉えられる多様な評価方法を組み合わせ，単元の中に位置づける。第三に，学習の結果だけではなく過程も評価するために，評価を学習活動の終末だけではなく，事前や途中にも適切に位置づける（文部科学省，2017，120～121頁）

観察による評価と，ポートフォリオによる評価についてくわしく見てみよう。

（2）観察による評価

　観察による評価は，発表や話し合いの様子，学習や活動の状況などを，観察に基づいて評価する方法である。

　この方法の利点は，次の3点である。一つ目は，生徒が書いたものや完成した作品では汲み取れない学習状況も見取ることができることである。書くのは苦手であるが，話し合いでは力が発揮できる子どものよさなどを捉えることができる。二つ目は，学習の過程の評価に適していることである。完成作品だけ見ると芳しくない子どもでも，そこに至るまでの過程でその子なりの成長や気づきがあることもある。三つ目は，よい点をほめたり，足らない点を指摘したりするなど，評価の結果を即座に指導に生かすことができることである。

　観察による評価を体系的なものにするための留意点としては，次の3つがあげられる（ハート，2012，22～26頁）。一つ目は，信頼性を高めるために，多様な観察結果を集めて記録することである。子どもの特別な様子のみならず，日常の典型的な様子も書きとめる。一つの例だけで子どもの学びをパターン化することはできないので，さまざまな文脈での様子を観察する。

　二つ目は，チェックリストやインタビュー用紙などを用いて，評価の観点を明確にすることである。チェックリストとは，子どもに期待する学習行動を列挙した表である。インタビュー用紙とは，子どもに尋ねる質問のリストと，質問に対する子どもの応答を記録するスペースで構成された用紙である。

　三つ目は，観察や記録の手間を最小限にするシステムを作ることである。すべての子どもを定期的にしばしば観察し，記録するには時間がかかる。評価疲れしないためには，効率化の工夫が必要である。たとえば，貼り付けができる付箋紙に，日々の観察結果を記録する（1枚につき，1つのこと）。この付箋紙を生徒ごとの記録用紙に貼り付ければ，書き写す必要はない。それぞれの生徒の観察結果が記録用紙に蓄積されていくので，各自の発達を簡単にたどることができる。

（3）ポートフォリオによる評価

ポートフォリオ評価法のポイントとして，次の3点が指摘されている（西岡，2016，129～130頁，182～186頁）。

① 子どもと教師の見通しの共有

子どもが主体的に取り組めるよう，ポートフォリオ評価法の目的や意義，残すべき資料，活用方法などについて，あらかじめ共通理解しておく。

② 蓄積した作品を編集する機会の設定

ポートフォリオを学習改善に活かすためには，資料を蓄積するだけではなく，ポートフォリオを振り返る機会を設ける。たとえば，日常的に資料をためておく「ワーキング・ポートフォリオ」から，永久保存版の「パーマネント・ポートフォリオ」に，必要な作品だけを選ばせて移させる。発表会や報告会など，ポートフォリオを保護者などに見せる機会を作ると，整理する必然性が増す。

③ ポートフォリオ検討会の定期的な実施

ポートフォリオ検討会とは，子どもと教師が，ポートフォリオを用いつつ，学習状況について話し合う場である。検討会は，子どもが到達点と課題，次の目標を確認し，見通しを持つ機会となる。さらに，教師と子どもの評価規準をすり合わせることで，子どもが適切な評価規準で自己評価できるようになる。

検討会は，必ずしも1対1の対話の形で行う必要はない。一斉授業でも，お互いの作品を比べさせたり，各自の学習の状況を教師の評価規準に照らして振り返らせたりするという形で，検討会を行うこともできる。

検討会では，次の3点が重要である。一つ目は，「作品のいいところは？」「困っていることは何？」といったオープンエンドの問い（イエスノーではなく，自由に答えさせる問い）を投げかけ，子どもの自己評価を引き出すことである。二つ目は，教師が一方的に話さず，子どもが語り始めるまで辛抱強く待つことである。三つ目は，達成点を確認していいところをほめることである。

以上のように，見栄えのいいポートフォリオをつくることを目的とするのではなく，子どもが自ら学習を振り返り，できたこととできなかったことに気づ

き，学習を改善できるようにポートフォリオを活用することが重要である。

引用文献
小川賀代・小村道昭編著（2012）『大学力を高める e ポートフォリオ――エビデンスに基づく教育の質保証をめざして』東京電機大学出版局。
香川大学教育学部附属高松小学校（2013）『パフォーマンス評価で授業改革――子どもが自ら学ぶ授業づくり 7 つの秘訣』学事出版。
国立教育政策研究所教育課程研究センター（2011）『総合的な学習の時間における評価方法等の工夫改善のための参考資料【小学校】』教育出版。
ダイアン・ハート，奥村好美訳（2012）「生徒たちがしていることを観察する」ダイアン・ハート，田中耕治監訳『パフォーマンス評価入門――「真正の評価」論からの提案』ミネルヴァ書房。
田中耕治監修（2003）『実践！　自ら考える生徒たち――総合から教科へ，谷口中学校の取り組み』（映像，解説書，CD-ROM 資料集）岩波映像株式会社。
田中耕治（2008）『教育評価』岩波書店。
西岡加名恵（2016）『教科と総合学習のカリキュラム設計――パフォーマンス評価をどう活かすか』図書文化社。
文部科学省（2011）『今，求められる力を高める総合的な学習の時間の展開――総合的な学習の時間を核とした課題発見・解決能力，論理的思考力，コミュニケーション能力等向上に関する指導資料（小学校編）』教育出版。
文部科学省（2017）『小学校学習指導要領解説総合的な学習の時間編』。

学習の課題

(1) 総合的な学習の時間における評価の主体（教師／子ども自身／友だち／保護者や地域の方）が変わると，評価の目的がどのように変わるかを考えてみよう。
(2) 総合的な学習の時間における評価を，成績づけのためではなくて指導や学習の改善に活かすためには，どのような工夫が必要であるかを考えてみよう。
(3) ポートフォリオ評価法を用いた総合的な学習の時間における評価の実践例を検討して，ポートフォリオ評価法の意義と課題を考えてみよう。

【さらに学びたい人のための図書】
国立教育政策研究所教育課程研究センター（2011）『総合的な学習の時間における評価方法等の工夫改善のための参考資料【小学校】』教育出版。
　⇨総合的な学習の時間における評価の実践例が紹介されている。中学校版もある。

西岡加名恵（2016）『教科と総合学習のカリキュラム設計―パフォーマンス評価をどう活かすか』図書文化社。
　⇨総合的な学習の時間における評価の観点や評価方法，とくにポートフォリオによる評価について実践例をもとに解説されている。
文部科学省（2011）『今，求められる力を高める総合的な学習の時間の展開　総合的な学習の時間を核とした課題発見・解決能力，論理的思考力，コミュニケーション能力等向上に関する指導資料（小学校編）』教育出版。
　⇨総合的な学習の時間における様々な評価方法の意義と留意点が説明されている。中学校版もある。

（細尾萌子）

第7章 小学校における総合的な学習の時間の実際

この章で学ぶこと

　　総合的な学習の時間では，協働やコミュニケーション，共生等のキーワードを用いた指導案の検討や地域の社会・自然との関連した教材開発の考察とそれらを用いた実践力をはぐくむ授業へ取組みが行われてきた。本章では，筆者が勤務した八幡市における授業実践から，児童・教師の取組や意識などの側面を分析することで，①「21世紀型能力」を育成する授業を実現するにはどのようなカリキュラムや授業設計が必要かを考察すること，②総合の特性に目を留め，児童の変容に「授業」が果たしていた役割を見出すこと，これらの知見から，③今後の初等教育における総合への示唆を得ることを目的としている。

1　八幡市における総合的な学習の時間

　今日の学校現場では，教科横断的・総合的な学習を目指そうとする動きと，まだこれまでの教科重視の指導方法・指導技術を継承しようとする動きと二項対立的に存在している。新たな時代に向けたカリキュラムをどのように編成し授業に反映していくのかという側面から分析する研究（前迫・古川・矢野，2015）は，緒に就いたばかりであり，本章では京都府八幡市における公立小学校でのカリキュラム編成や指導方法に関する考察から，21世紀型能力として示された「基礎力」「思考力」「実践力」を育成する指導の示唆を得ようとするものである。図7-1に示すように2000（平成12）年当初の八幡市における総合の取り組み（富永・八幡市立美濃山小学校，2002）は基礎学力を習得するための総合として捉えられ，小・中学校の校種間連携が重視されていた。児童につけたい基礎学力は機能としての基礎学力と，技能としての基礎学力の2つの要素をも

図7-1 総合の取組2001
出典：筆者作成。

つものと考え，機能としての基礎学力は課題追求心やプレゼンテーション能力，コミュニケーション能力などが考えられていた。技能としての基礎学力とは情報教育を重視する姿勢から，コンピュータやインターネットを利用できる技術（スキル）と考えられていた。図7-2に示す総合的な学習の時間で取り上げる主題（テーマ）については当時の現代的課題や生き方に関わる課題を想定して英語活動，情報教育，探究活動の3つの基礎となるテーマを設定している。筆者は探究活動として「5年1組はこのままでいいの」や「林間学習に行こう」というエンカウンターを手法とした聞き方トレーニングを取り入れている。道徳や学級活動では確保できなかった自分を振り返る時間を確保するため，総合において教育相談に用いられるエンカウンターを学級づくりの視点を取り入れた。ここでは学級通信と総合的な時間での話し合いを通して繰り返すことで考えを深めることを心がけている。

　通常，特別活動としての学級活動では，必要な指示事項や指導事項を指導しなくてはならない事項や即時に対応しなければならない事項への対処を優先するという課題があった。そこで，班をどのようにして作るか，という身近な自分たちの課題を見つけ，話し合いを深めることにより，より深く考える時間を確保するために，時間数を生み出さざるを得なかったことも総合での実施要因の一つであった。さらに学校行事の取り組みとして「林間学習に行こう」を実施した。限られた学校行事の準備のために配当されている特別活動の時間数という意識が，児童にノルマのように活動を消化させるという意識を生んでいると考え，総合的な学習の時間で取り組んだ。

第7章　小学校における総合的な学習の時間の実際

学校としてのテーマ	各学年のテーマ（各学年で設定）	基礎となるテーマ 情報（6年間を見通す）	英語
（各校で設定）	1学年の生活科の主題　　　学校探検	パソコンと仲良くなろう パソコンと仲良くなろう2 デジカメで遊ぼう コンピュータを学ぼう パソコンでまとめよう コンピュータを学ぼう2 プレゼンテーションしよう インターネットを楽しもう メールを送ろう ホームページを作ろう	楽しい英語（6年間を見通す）
	2学年の生活科の主題　　　生き物		
	3学年の総合的な学習の時間のテーマ　　　大好き八幡		
	4学年の総合的な学習の時間のテーマ　　　自然		
	5学年の総合的な学習の時間のテーマ　　　水		
	6学年の総合的な学習の時間のテーマ　　　人権		

	中学校の総合的な学習の時間のテーマ		
（各校で設定）	1学年の主題　　　郷土愛	全　教　科	
	2学年の主題　　　福祉・人権		
	3学年の主題　　　明日へのビジョン		
	情報スキル（情報リテラシー） 英語のスキル		

図7-2　総合的な学習の時間の主題（3つのテーマ）2003

出典：筆者作成。

　総合的な学習の時間では「なぜ？」という問いを大切にすることで児童は行事に主体者意識をもつことができた。しかし，このような学校行事の準備や取組みをクラスづくりとして取り組むためには行事自体の準備作業を能率的に行う必要もあり，校務の ICT 化が必要であった。また児童の一定の情報処理スキル（機器活用スキル）の定着が必要であり，児童が獲得すべき情報機器活用スキルを提示する必要もでてきた。従来のカリキュラムにはない授業に取り組む中で，総合の系統的なカリキュラムの必要性と教師の指導スキルの必要性を感じるようになった。また総合を実施していく上で，評価をどのように行い，児童や保護者にどのようにフィードバックするかは，大きな課題であった。学習指導要領上の位置づけとして，総合的な学習の時間は「学習の時間」であり，

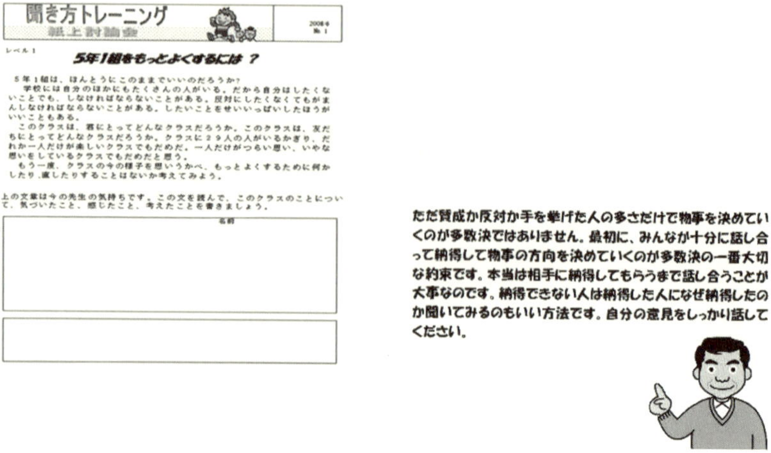

聞き方トレーニング
紙上討論会
2008・6
№ 1

レベル 1

5年1組をもっとよくするには ？

５年１組は、ほんとうにこのままでいいのだろうか？
学校には自分のほかにもたくさんの人がいる。だから自分はしたくないことでも、しなければならないことがある。反対にしたくなくてもがまんしなければならないことがある。したいことをせいいっぱいしたほうがいいこともある。
このクラスは、君にとってどんなクラスだろうか。このクラスは、友だちにとってどんなクラスだろうか。クラスに２９人の人がいるかぎり、だれか一人だけが楽しいクラスでもだめだ。一人だけがつらい思い、いやな思いをしているクラスでもだめだと思う。
もう一度、クラスの今の様子を思いうかべ、もっとよくするために何かしたり、直したりすることはないか考えてみよう。

上の文章は今の先生の気持ちです。この文を読んで、このクラスのことについて、気づいたこと、感じたこと、考えたことを書きましょう。

名前

図７－３　聞き方トレーニング2004

出典：筆者作成。

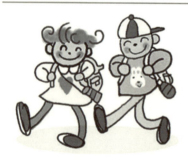

林間学習に行こう

いよいよ林間学習の取り組みが始まります。この活動を通して先生はみんなに「話し合うことの大切さ」と「協力することの大切さ」を知ってもらいたいと思っています。運動会で、君たちは「一生懸命やることの大切さ」を知ることができたと先生は思っています。勉強をするときの様子も1学期と比べると、たくさんの人が一生懸命取り組もうとする姿を見せてくれています。だんだん5年生らしくなってきましたね。林間学習へ向かってスタートです。

図７－４　林間学校の取組2005

出典：筆者作成。

図７－５　総合で目指す３つの行動力2015

出典：筆者作成。

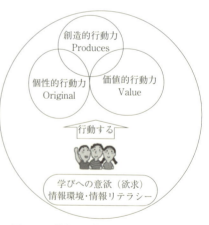

厳密な意味での教科ではない。筆者は小学校における総合的な学習の時間での評価は，児童の人間形成，すなわち，児童の変容と捉え，児童の事後の行動と新たな価値形成に注目すべきだと考え，評価の視点として人権意識の育成をあげている。筆者が総合で目指した児童像は，人権意識を基盤として，仲間とともに共生できる基礎的な意識やふるまいを身に付けたうえでの，独自な行動力（オリジナリティ）を持つ児童と捉えている。自分をもっている子ども，すなわち個性的行動力の育成である。個性的行動力，価値的行動力，創造的行動力の３つの行動力が知識基盤社会の土台となる行動力であり総合的な学習の時間における指導目標としている。

2　シティズンシップ教育としての「こども Company『勝手に名産品』」

　八幡市では2008（平成20）年から2011（平成23）年まで文部科学省の特区指定をうけ，シティズンシップ教育をベースに「やわた市民の時間」を小中学校に新設教科として取り入れている。八幡市では，シティズンシップを，① 規範意識や道徳心による社会的責任や道義的責任，② 公共意識やボランティア参加による共同体意識の醸成，③ 政治的リテラシーと訳される情報を収集し的確に読み解き考察判断する力の３つの構成要素から形成されると定義した。「やわた市民の時間」で目指したものは社会的・道徳責任の育成は規範意識の醸成であり，共同体への参加は，公共の精神や教科公共に通ずるものであった。
　また政治的リテラシーについては，選挙権年齢が引下げられるという公職選挙法等の改正に伴い近年急速に脚光を浴びている主権者教育と類似していた。
　21世紀型能力が目指す生きる力には人とのコミュニケーションや道徳心といった教養を育む必要があり，八幡市独自の強いコミュニティ意識を核として，「多様な価値観や文化で構成される社会において，個人が自己を守り，自己実現を図るとともに，よりよい社会の実現に寄与するという目的のために，

6年 2009 総合

勝手に名産品

いよいよ6年生での総合学習の時間の取り組みが始まります。この活動を通して先生はみんなに「話し合うことの大切さ」と「協力することの大切さ」を知ってもらいたいと思っています。学校で育った作物も、もしも君たちが販売するのなら‥。そんなことを考えてみてほしいと思っています。この取り組みの中で、少しでも「働くことの楽しさや大切さ」を知ることができたらと先生は思っています。自分たちで課題を見つけ、話し合い、解決の糸口を見つけ、実際にやってみる。そんなことができるといいですね。だんだん6年生らしくなってきた　みんな、「勝手に名産品」の取り組みへ向かってスタートです。

最初の話し合いは全員でします。テーマは「チームの決め方」です。

図7-6　勝手に名産品2009
出典：筆者作成。

社会の意思決定や運営の過程において，個人としての権利と義務を行使し，多様な関係者と積極的に関わろうとする資質の育成」(富永・八幡市立美濃山小学校, 2002)を目標に取り組まれている。筆者は，具体的な現実社会との関わりについて総合的な学習の時間におけるシティズンシップ教育が可能であると考え，小学校での「こども Company『勝手に名産品』」のカリキュラム開発を行った。筆者が6年生の総合的な学習の時間で行った「こども Company『勝手に名産品』」は，市の示すコア・カリキュラムを各校が独自に取り組んだサブカリキュラムの一つである。6年生の総合的な学習の時間では，毎時間学習プリントを提示することから授業が始まる。最初の授業ではどのようなグループ構成が今後の授業には必要かという問いと話し合いと活動，まとめのプリント記入の3つの活動で構成されている。この指導プロセスは，これまでに実施してきた総合的な学習の時間において指導方法として定着しているものであった。事前にプリント教材を用意するという作業は労力がいるが，授業における一定の指標となるプリントは必要であった。常に教師が与える問いに関して児童は，話し合いでグループ内の意見をまとめ次の方向を確認しなくてはならない。通常の学習班とは違う任意の総合での活動班を形成したためグループウェアの活用が児童間の論議の場となり企画や意見交流に利用された。こうした中で試行錯誤する体験が個々の認識を変え，グループとしてのまとまりが生まれている。情報機器についてもスキルに差があること

第7章　小学校における総合的な学習の時間の実際

図7-7　データベースとポートフォリオ
出典：筆者作成。

を前提にし，グループ活動において協力体制を生み出すことを期待して，スキルを主体とする学習の時間は設定していない。

　児童は，話し合った結果や経緯をまとめて教師に提出する。教師は各グループのまとめを集約し「勝手に名産品NEWS」として，児童にフィードバックしている。地域イントラ内のデータベースを活用しデジタルポートフォリオ化された他のグループの考えや論議のプロセスを可視化することで児童は，自分たちの結論を再吟味している。働くことってどんなこと？　との問いから，働くために必要な力って何だ？　名産品って何だ？　と考え，次に会社という組織において決める（決裁する）ことの大切さを考えていく。次のステップでは，決められた条件の中，みんなで一つのものを作るという目的に向かう。校内の作物・商品化という課題に試作や販売価格の決定という新しい条件の提示，さらに利益を生み出せるのかという問いと向き合う。次に提示される，もっと有名にするためにはどうしたらいいだろう？　という問いからネーミング企画，キャッチコピー企画等を行う企画会の必要性が生まれた。さらに商品をきれいに見せたい，販売促進用のビラを作りたい，という思いが，スキル獲得の意欲に結びつく。最終のホームページの制作までは想定される活動として準備されている。授業としては試作品の完成まで

107

を１クールとして捉えた。そこから情報機器活用やコミュニケーションというテーマでの学習を進め，最後に学習のまとめを「誰かに何かを伝えよう」という問いで行動化を求めている。

　本実践では総合の指導計画を新たに作成した。これまでにない新たな題材で，総合における指導を行うためには全34時間の指導計画が必要であった。事後のまとめで，児童からは，① 漠然としていた「働くこと」への認識が深まり，家庭での保護者等との話し合いの中で父母の働く意味や苦労等に気づき，関心をもった，② とくに意識していなかった父親の存在を再認識し，父親をとおして「会社」や「勤労」について考えを深めることができ「社会で生きる」ことを考える機会となった，③ 自然な形でエンカウンター体験やICTの活用スキル獲得ができた，④「人との関わり方」を見つめ直す機会となり，それが将来の自己実現のためにも大切なことであるとの気づきが生まれた，⑤ ６年生として「仲間に」「下級生（新１年生に）に」「後輩（新６年生に）」というメッセージ作りを，自らが考案し制作するというICT活用から「やる気」や「自尊感情」が生まれ，それを実践するというアプローチとなった，などがあげられた。課題としては前半部分での地元農家や企業との連携が準備不足から少なかった点をあげている。

　この学習を通して筆者は課題の提示以外はそれぞれの集団での話し合いの時間を確保し，ショートステップを設定し，振り返りを行った。教師が児童による課題解決を常にチームの力で時間内に行うように指示することにより，チームを高め合うという意識が深まり，チームの仲間からのサポートや手助けに「感謝の気持ち」や「仲間意識」が醸成され，温かい人間関係や相手を思いやる気持ちが生まれ個々の技量だけでは解決できない課題が解決することができた。筆者はこの授業を通し困難な学級の状況を解くカギは授業のあり方にあると考えるようになった。

３ 総合的な学習の時間と情報モラル教育の見直し

　次に情報モラル指導の見直しの取り組みについて述べる。筆者は八幡市教育研究所主任兼務の指導主事として，情報モラル指導を知識基盤社会におけるソーシャルスキルの一つとして位置づけ，全市に活用できる総合におけるカリキュラムモデルの作成を行った。八幡市教育委員会では2004年の長崎県佐世保事件を契機として八幡市教育委員会が主導して市の指導主事および担当教頭，教師で構成される情報教育研究員会（後，ICT研究員会に名称変更）が中心となり，情報モラル教育に関するカリキュラム作成および市内小中学校教師への講座や指導方法の研究を行い，小学校低学年から中学校までの９年間を見通した情報モラル指導のカリキュラムモデルを開発している。2005（平成17）年にはCECの文部科学省委託事業「情報モラル指導サポート事業」として全小中学校での情報モラル指導に取り組んだ。また，八幡市では，イントラネットが整備され，各教室まで高速回線がつながるという環境があったため，ポータルサイト利用による，「事例で学ぶNetモラル，ネット社会の歩き方」などウェブ教材サイトへの教師用（指導用）端末からのリンクによる一斉指導での活用，そして，インターネット上に公開されている体験型サイト活用での個別学習やイントラ内での自主教材の開発による一斉指導という方向に進んでいた。2005年当時作成された情報モラル教材についてはロールプレイを主眼とした体験型（避難訓練型）の指導が主流となっていた。

　この体験型（避難訓練型）指導カリキュラムでは，経験が恐怖感に結びつかないか，トラウマとなるのではという課題があり，これらを解消するため，① 被害者としての意識，② 加害者としての意識，③ 人と人が見える形での解決方法が必要となり，各中学校区における小中学校合同で実施できるカリキュラムを作成している。授業モデルでは，まず小学校６年生と中学校１年生がそれぞれ被介入者と介入者としてのなりすまし体験を経験する。授業の流れとしては，① 楽しいチャットの体験，②「あらし」の介入体験（「あらし」介入），③

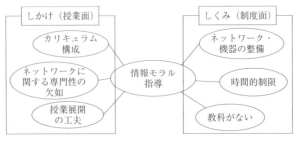

図7-8 情報モラル指導の課題2010
出典：筆者作成。

「あらし」介入時の発言ログの検証とチャットの仕組みの理解，④「チャット」での身の守り方とし，中学校1年生は「あらし」として，テレビ会議システムを利用してリアルタイムの映像を見ながら体験を行うというものである。授業後のログ検証の場面において，自分たちが介入者であるという正体を明らかにするとともに，小学校を訪問し，共に交流している。

　授業後の調査からは，チャットについて，面白いというイメージだったのが授業を通してそれが少し怖いと感じていることが明らかになっている（八幡市教育委員会，2008，50～57頁）。小学校の教師は，このような現実に出会った際の対応方法として，そのサイトから退去することを伝えている。特記すべきこととしては，すでに，なりすまし授業を経験した中学校生徒が，実際に被害をうける小学校の児童のパニックになっていく様子を見るにつれ，本気で振り返り始めた点である。小学校児童への授業後の聞き取りからは，① ログに書いたことを覚えていない，② 攻撃的になっていた，③ 本当は怖かった，という3点が注目された（八幡市教育委員会，2008，50～57頁）。

　授業では中学1年の生徒はなりすます側（加害者側）の立場を疑似体験している。これは通常では体験しにくいものであり，加害者としてのなりすまし側に立つことでその影響の大きさ，被害者の感情と自らの経験の同化により，深い理解を生み出した。ここで注目したいことは総合的な学習の時間における自らの体験，経験と同化できる場面設定の重要性である。ただ，怖いとか楽しいという体験だけではなく，いかに新たな道徳的な価値を生み出したか，道徳的

第7章 小学校における総合的な学習の時間の実際

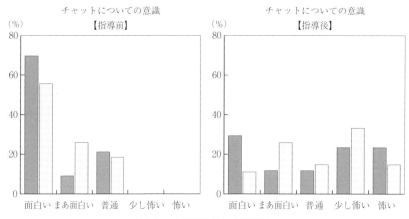

図7-9　児童生徒の変容2010

出典：筆者作成。

　心情の高まりや道徳的判断力が身に付いたかという点がカリキュラムとして構成する場合には必要となってくる。自らの体験，経験と同化できる場面をチャットの疑似体験で行うという設定を一つ目の見直しの課題とした。また，初めてチャットを体験した児童生徒は，インターネットやチャットに対する意識が大きく変化し，それまで，ただ，楽しい，便利，簡単，とチャットを楽しんでいたが，情報モラルの必要性や大切さを感じたと考えられる。小学校においては，気持ちの高まりも大きく，この点については十分配慮を要するものであった。とくにチャットという顔の見えない会話の中で，なりすましの介入，会話への「あらし」により，無意識の中で自分の言葉遣いが攻撃的になっていたり，疑似体験後にログを見直すと自分の打ち込んだ言葉をすっかり忘れていたりなどの振り返りが授業後の感想に見えている。怖いと感じた時に自分が正気ではなかったと改めて感じていた。

　授業後の感想の中に，クラス内でチャットを楽しんでいる途中に入ってきたなりすましで，安易に友だちを疑ってしまったという反省がもてたという記述があった。児童は，その場にいない人物，自分の視野に入っていない自分を知っている人間をまず思い浮かべたことについてのこの発言はグループ

①実体験（リアリティ）に近い課題の抽出と同化
②個人内の思考の表出（思考の可視化）
③論議と価値への葛藤（差異からの気づき）
④個人内の価値と変容（協働や共生意識の派生）
⑤話し合い活動と他者理解（違いを認める姿勢）

図7-10　総合的な学習に必要な視点2010
出典：筆者作成。

トークとして設定された論議する場面での振り返りによってより深く考察されていたことを示している。教師主導ではない児童の主体的な論議がどのように子どもたちによって進められていくかが授業構成の大きな鍵になると考え，この点を二つ目の見直しの課題とした。

　情報モラル教材の量的な不足や，ネットワークの更新による教材使用時の不便さ，教師構成の変化による指導スキルの低下などが既存の情報モラル教材における課題としてあげられ，中学校においても使用機器の所持に関する規制での課題や携帯電話，スマートフォンにおけるSNS関連の指導が情報モラル指導の中心課題になっていた。情報モラル教材について，「一方通行に教訓を引き出す寓話型の教材ではなく子ども自身が判断することを迫られ，子ども自身が思考したり討論したりしながら道徳性を発展させていく葛藤型の教材」（石原，2011，114頁）が求められていると述べている。筆者らは機器の使用やSNSに関しての知識やスキルだけを取り扱うだけでは，新しい指導方法にはなりえないと考え，総合的な学習の時間での指導を視野に入れる必要があると考えた。継続性のある情報モラルのカリキュラムモデルを作るためには，「特定の教師に依存しない指導体制」（相澤，2009，3～10頁）の構築が必要であり，情報モラルに関する指導計画を作成し，教育課程の中で指導時間を確保し，個々の教師が実践できる環境が必要と考えた。すなわち，指導のベースとして市町村レベルでの統一したカリキュラムや体系化された指導計画が必要であるとともに組織的な対応が必要だと考えたのである。さらに児童には一定の機器活用スキルが必要であると考え，表7-1「児童のICT活用レベル一覧」を作成した。

　筆者は情報モラルを指導するにあたり，学校に利用できるICT機器があるということが必ずしも必要な条件ではないと考えてきた。しかし，ICT活用スキルのみの授業時間確保が難しくなっているという状況から活用スキルの格

第7章 小学校における総合的な学習の時間の実際

表7-1 児童の ICT 活用レベル一覧2010

ICT 機器活用レベル

スキル	利用器具	低学年 1年	低学年 2年	中学年 3年	中学年 4年	高学年 5年	高学年 6年
リアリティの追求	電子黒板 液晶プロジェクタ 実物投影機	リアルタイムカメラや実物投影機からの情報を投影機器の機能(拡大や縮小)を利用して移す。		情報を編集しデータとして保存する。保存したデータを呼び出し提示する。		呼び出したデータに即時に新たな情報を追加する。	
静止した場面の提示	デジタルカメラ	とりたいと思った対象を写す。写したいものを再生する。		目的に沿ったものを写す。カメラの機能(拡大・縮小)を活用して写す。		撮影した写真を,目的にあわせ加工編集する。	
動きの提示	デジタルカメラ デジタルビデオ	とりたいと思った対象を写す。写したものを再生する。		目的に沿ったものを写す。カメラの機能(動画撮影)を活用して写す。		撮影した動画を,目的にあわせ加工編集する。	
昔の記録	レコーダー	聞きたい音や声を録音する。録音したものを再生する。		目的に沿った音や声を録音する。レコーダーの機能(音の大小や音の移動)を活用していろいろな情景を想像する。		撮影した音を,目的にあわせ加工編集する。	
色	ペイントソフト イラストレーションソフト	いろいろな技や色をつかって絵を描く。		目的に沿ったスタンプやイラストを使うことができる。		ソフトの機能(筆の種類や色の変化)を活用いろいろな場面にあった絵やイラストを描く。	
情報の提示	プレゼンテーションソフト グループウェア	タッチパッドで文字入力する。(音声入力)		目的に沿った一枚のスライドを作る。作ったスライドはグループウェアを活用して共有しレポートフォリオ化する。		複数のスライドを提示する。時間やスライドの枚数を考慮しながら適切に相手に伝える。グループウェアを活用しデータベース化する	
タイピング 文書作成	タッチパッド機能 タイピングソフト グループウェア	タッチパネルで文字を入力する。(音声入力)		・入力装置の補助機能を行いながらキーボードを使って,ローマ字を入力する。・グループウェアでテキスト文書を作成する・コピーやカットしたものを貼り付けて,文書の修正を行う。		タイピングソフトを使ってタイピングの習熟を図るグループウェアを活用し複数で作成した文書をまとめ共有する。	200字/1分を目標に文字を打つ。目的にあった文章を作成するデータをもとにグラフを作成する
情報の収集	インターネット デジタル教科書	・web ページを閲覧する・調べたいものを検索する		・Web ページを比較しながら,必要な情報を入手する・調べたいものを絞り込んで検索するグループウェアで電子メールや電子掲示板を使用する。		サイトの URL での引用方法を知る目的に適したサイトを検索するグルプウェアーを活用したイントラ内でのデータベース活用の方法を知る	

113

| 情報発信 | グループウェア | ・クラスの友だちや学年の友だちに情報を伝える
・保護者に情報を発信する | ・学校全体に向けて発信する | ・学校外に向けて発信する
・広く世間や地域の人に発信する |

出典：八幡市教育委員会 ICT 研究員会。

表7－2　情報モラル指導と「道徳」の整合性一覧2016

	低学年		中学年		高学年		中学校		
	1年	2年	3年	4年	5年	6年	1年	2年	3年
コミュニケーションスキル		・楽しい交流（文学の世界）	・楽しい交流（責任ある態度）	・楽しい交流（第三者の閲覧） ・電子メール（わかりやすい内容）	・楽しい交流（ネット社会の特性） ・電子メール（わかりやすい内容）	・楽しい交流（ネット社会の特性） ・電子メール（送信の仕方）	・プロフ、ブログ、SNS、アプリなど どの学年でも →		
情報の収集		・情報選択（真偽の確かめ）	・情報選択（検索のめあて）	・情報選択（うのみの危険性）	・情報選択（ネットの危険性）	・情報選択（正しい判断）	・有害サイト どの学年でも →		
情報発信	・著作権（よいところみつけ）	・著作権（写真や絵）	・著作権（勝手な改変の禁止）・個人情報保護（安全）		・情報発信（ネットでのマナー）	・情報発信（電子メールのマナー）	・著作権肖像権など			
その他	・コンピュータとマナー・パスワードの役目		・携帯電話の光と影	・セキュリティ（ウイルス） ・携帯電話のマナー・ルール	・携帯電話とネットいじめ	・コンピュータの使い方（悪影響） ・携帯電話と人権	・ネット上でのトラブル・犯罪 どの学年でも →		
道徳	4-(1) 公徳心、規則の尊重きまりのたいせつさ「どうしてかな」	2-(1) 礼儀いいにくいことば「いいにくかったことば」4-(1) 公徳心、規則の尊重きまりのたいせつさ「いろいろなきまり」	2-(1) 礼儀まごころで通ずる「でんわのむこうはどんな顔」	4-(4) 愛校心わたしたちの学級や学校「交かんメール」情報モラル「インターネットの情報って？」(1-1, 2-1, 2, 3, 4-1)	伝わらない気持ち「学のメール」情報モラル「インターネットでの話し方」(1-1, 3, 2-1, 2, 3, 4-1)	1-(3) 自由と自律「ほんとうのことだから」情報モラル「インターネットを正しく安全に使うために」(1-1, 2, 3, 4, 2-1, 2, 4, 4-1, 2)			

出典：八幡市教育委員会 ICT 研究員会。

差が生まれるという新たな課題が生まれ，教師にも児童生徒にも一定の活用スキルの目安が必要と考え，獲得すべき目標を児童の ICT 活用レベル一覧として具体化した。さらに，横断的なカリキュラムを意図するためには総合における情報モラル指導計画の系統性と道徳の目標の整合性が必要と考え，情報モラル指導と道徳の整合性一覧（富永・有野，2015）を作成した。現実に児童が遭遇する実生活の場面では従来の教師の教示的な指導では，対応できない課題がいくつも想定される。固定化された答えにこだわるのではなく，子どもたち同士が本音で伝えあうことで，新しい価値を醸成することが肝要である。筆者は総合的な学習の時間における新たな価値の醸成を目指す場合においても，教師の意識によって「〇〇をしてはいけない」という教条的な指導になってしまうという危険性が常にあることに気づいた。正しい認識と危険性，この 2 つの方向性を等分に指導する力量を教師がもつことが必要だと考えている（八幡市教育委員会八幡市 ICT 研究員会・富永，2015）。

　携帯がなくとも，人と関わりあえることや携帯電話を持つことでの危険性があることを児童に考えさせ，スマートフォンに代表される今後も発達する ICT 機器と上手につき合う力が必要である。教え込む行動規範的な知識としての道徳から，日常のモラルも，情報モラルも同レベルで指導する新しい価値としての考える方向性こそが大切であると考えた。現在，情報モラル指導は多岐にわたり行われている。しかし，その中には児童の知識理解や判断の適切さを判定することで収斂するものも見受けられ，学習後の行動や生き方にどのような影響を与えたかについては，つまびらかになっていない。学習後の行動や生き方などへの関連については「表現する」（陣内ほか，2014，101〜108頁）という活動の中で他人との思いを伝えあうコミュニケーション力を高めるという取組みも始まっている。授業は「先生が教えるもの」から「子どもが創るもの」（寺岡ら，2014，39〜40頁）とする教師の意識転換が必要である。

図7-11 低学年の学習

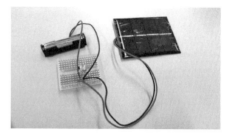
図7-12 中学年の学習

図7-13 高学年の学習

4 総合的な学習の時間におけるプログラミング学習

　筆者は，きたるべき時代の主役となる子どもたちが必要とする学びとしてプログラミング学習に注目してきた（富永，2016）。筆者らは八幡市 ICT 研究員会において，ものづくりにおける協働を題材としてプログラミング学習を2014年から取り上げている。これからの知識基盤社会における21世紀型能力をはぐくむ授業を実現するにはどのような総合におけるカリキュラムや授業設計が必要かという課題への取組みである（富永，2017）。総合的な学習の時間においては，教師が解答方法を提示し，一つの正答にたどり着く，という古典的な授業スタイルから，協働で多様な手段や方法で解答にたどり着くプロセスを仲間と共に見つけ出す授業への変換が必要と考え，小学校における体系的なカリキュ

第7章　小学校における総合的な学習の時間の実際

学年	教科配当めあて	内容	関連教科（目標）	時間数
低学年	2年 生活科 ブロックで楽しもう	・コンピュータとブロック，工作材料を組み合わせて創作活動を行う（スクラッチによる動く，光るシミュレーション） ・身近な材料を用いて楽しい作品作りをする	1年　図工科 つくってあそぼう2 児童がプログラミングと図工科・生活科での既習知識との関連を重視した体験的な取組	4
中学年	4年 総合 ソーラーライトを作ろう	回路の仕組みを考えよう。 ・ソーラーライトの仕組みを考えよう。 ・ソーラーライトを作ろう ・チップの仕組みを考えよう。	4年　理科 電気の働き 太陽電池 自動車作り 児童がプログラミングと理科学習での既習知識との関連を重視した知識獲得の取組	4
高学年	総合 5年 みんなで考えよう 6年 みんなでコンテストをしよう	・児童用グループウェア（スタディノート）のプログラミング機能とロボット教材を利用した制御の初歩学習 ・ゲーム的な要素を取り入れた学習活動を通し「協働して作り上げること」を意識する。	5年6年　理科 電気の利用 コンデンサ自動車作り（2） 物作りにおける「協働意識」との関連を重視したグループでの取組	4 4

図7-14　プログラミング学習指導計画2016

出典：筆者作成。

ラムを作成し，新たな教材や教具を開発した。2016年度に設定した学習目標に基づき生活科および総合における，学習指導計画2016（富永，2017）を編成した。

新たにプログラミング学習を総合のカリキュラムを導入する場合，事前の移行期間が必要であり，実施対象学年を固定すると実施内容が重複する場合があるため，学習指導計画における各学年での目標は，隔年での実施を想定している，また高学年では小学校（5年生6年生）と中学校の「小中連携」を考慮したものとしている。

117

5　これからの総合的な学習の時間に向けて

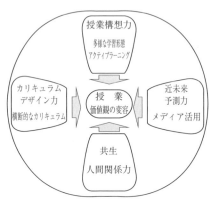

図7-13　21世紀型能力をはぐくむ授業
出典：筆者作成。

　総合的な学習の時間が導入されて四半世紀が過ぎようとしている。筆者は，八幡市における授業実践の中で多くの「小さな奇跡」に出会うことができた。

　総合的な学習の時間において，子どもたちが無条件で楽しいという実感を経験し，楽しみを経験する中で，「なぜ？」という問いを生み出し，他者の意見を聞き，ふりかえり，新たな問いを生み出していくという「学び」，そして心の通い合う仲間とともに何かを作り出すという「協働」による授業を通して，あらたな価値を身に付け新たな自分を見つめることができたと考えている。児童は，個々の教師による量的な知識の伝達だけで満足できるものではなく，集団における話し合いや協働の中，共に考えるという行為の中で意欲を醸成した。また，こうして醸成された意欲は新しい行動を生み出す源泉となり，こうした学びの循環が21世紀型能力をはぐくむ授業を形成していくのではないだろうか。小学校では人間形成という目標があり，そのために教科の学力向上が必要で，それらを補完するために教科外の領域学習や総合があるという多くの教師が抱いている初等教育への漠然としたロジックがある。しかし，むしろ総合的な学習の時間や生活科の学習等での横断的な経験や体験により，教科学習への意欲を生み出し学力が向上するという効果があると明確に示すべきである。八幡市において取り組まれた種々の21世紀型能力を育成する取り組みの考察を通して，教師の意欲的な指導と横断的なカリキュラムの構成により21世紀型能力は育成できると考える。さらに，筆者は児童自身が21世紀型

第 7 章　小学校における総合的な学習の時間の実際

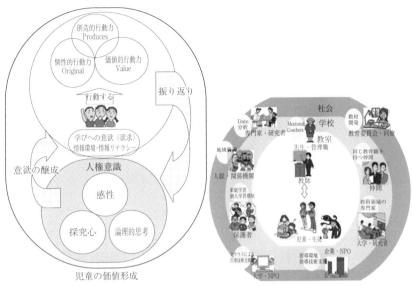

図 7 - 14　動的なカリキュラム
出典：2016筆者作成。

図 7 - 15　教材作成のための支援図
出典：2016筆者作成。

能力を得るために，すなわちゼロから 1 を生み出すための授業を創出するためには，常に次の時代や身近な地域を考慮し，教師により検証が行われる動的なカリキュラムの編成と教材作成の支援体制が必要であると考えている。

引用文献
前迫孝憲・古川治・矢野裕俊（2015）『教職をめざす人のための教育課程論』「各教科と道徳・特別活動・総合的な学習の時間の関連」北大路書房。
石原一彦・岐阜聖徳学園大学紀要教育学部編「情報モラル教育の変遷と情報モフル教材」114頁，2011年
相澤崇（2009）「教員の情報モラルの指導に関する意識」『教育情報研究』，第26巻第 2 号，3 ～10頁。
陣内誠・中野修二・浴本信子・納所健三・片渕浩也・石橋裕子・青柳達也・角和博（2009）「情報モラル教育のための演劇ワークショップ合宿」『佐賀大学教育実践研究』第30号，101～108頁。
寺岡裕城・富永直也・平島和雄・村林由香里・小長谷直樹・浅井和行（2012）「電子黒板の利用技術研修カリキュラムの開発と施行」第19回日本教育メディア学会年次

大会発表論文，39〜40頁。
富永直也・八幡市立美濃山小学校（2002）「シティズンシップを発揮するための必要な能力」。
八幡市教育委員会（2008）「ICT 研究員会報告」『八幡市教育研究所　2008年度所報』，50〜57頁。
富永直也・有野靖一（2015）「八幡市立有都小学校情報教育年間計画」。
八幡市教育委員会八幡市 ICT 研究員会・富永直也（2015）「情報モラル授業検討会報告書」。
富永直也（2016）「小学生を対象としたプログラミング学習カリキュラムの開発」『立命館大学教職研究紀要』第 4 号，81頁〜90頁。
富永直也（2017）「小学生を対象としたプログラミング学習カリキュラムの開発Ⅱ」『立命館大学教職研究紀要』第 5 号。

学習の課題

(1) 総合的な学習の時間を行う場合指導する教師にはどのような指導スキルが必要なのかを考える。
(2) 今日的な課題を題材に「総合的な学習の時間」で行いたい授業の「構想」を示す。

【さらに学びたい人のための図書】
赤堀侃司（2015）『授業の基礎としてのインストラクショナルデザイン　改訂版』（視聴覚教育選書）日本視聴覚教育協会。
赤堀侃司（2014）『タブレットは紙に勝てるのか──タブレット時代の教育─株式会社ジャムハウス。

（富永直也）

第8章 中学校における総合的な学習の時間の実際

この章で学ぶこと

総合的な学習の時間を教育課程の中心に据え実践を行っている中学校の実態とは。総合的な学習の時間を取り組むために考えた計画やどのように授業を進めて行ったのか。1．カリキュラムの作成，2．探究のプロセスについて，3．思考ツールの活用，4．地域との連携，5．生徒・教師・地域の変容の5つの観点から中学校の実践を中心に説明を行う。

1　カリキュラムの作成

　生徒に社会で活躍する力を付けるために，主体的で対話的で深い学びを生み出すカリキュラムをどのように作成していくのか，そのためには綿密な学習計画が必要となる。本節では，総合的な学習の時間の全体計画・単元計画・年間指導計画の作成について，京都府の相楽東部広域連合立笠置中学校を例に説明する。

（1）全体計画
　全体計画は，総合的な学習の時間の目標を日々の実践で具現化するための計画である。全体計画では，①「目標」，②「育てようとする資質や能力及び態度」，③目標の実現のために行う「学習内容」を明記することが必要である。
① 「目標」の設定
　学校教育目標を見据え，生徒の実態・保護者の願い・地域の実態を踏まえ，どのような生徒を育成したいのか。そのためにどのような力を付ける必要があるか，を考え目標設定を行った。その際，総合的な学習の時間の特色として探

究的な学習によって目指す生徒の育成ができる目標を設定している。
② 育てようとする資質や能力および態度

　目指す生徒像を具現化する資質や能力のことであり，本校では課題発見能力，コミュニケーション能力，思考力，課題解決・実践力，自己肯定感を身に付けさせることで，目指す生徒の育成を具現化することとした。
③ 目標の実現のために行う「学習内容」

　「育てようとする資質や能力および態度」を身に付け，目指す生徒の育成ができるような学習内容について考える。本校では，自分たちの課題として考え取り組める内容，社会性が身に付く内容，コミュニケーションをとる必要がある内容等を踏まえ，「ふるさとの地域活性化」を学習内容とした。各学年では地域に自生していたとされる花「サギソウの学習」，地域の地場産業である「お茶学習」，実際に地域活性化に取り組む「町・村おこし」を具体的な内容として学習を行った。

　大切なことは，その学校ごとの教育資源を掘り起こし，学校にあった継続可能な内容を選ぶことである。

（2）単元計画

　単元計画（図8-1）では，その単元でのねらいや，それに沿った評価内容を作成する。また，ねらいを達成するための学習の流れを記載することで，単元の全体的な指導内容が見えてくることとなる。

　本校の工夫としては，探究活動のゴールをイメージしてから逆算して授業のながれを作成したことである。また，イメージしたゴールとなるよう課題設定に多くの時間をとり，生徒に出させたい課題設定を教師が意図的に出させるよう工夫を行った。そのことにより生徒が大きく道を外れた探究活動とならずにすんだと考える。限られた時間数の中で，いかに効果的に学習を進めるかということも大切なことと考えているからである。

学習の流れ				
	時数		時数	
課題設定	①～⑥ 6	「サギソウについて学ぶ」 ①ふるさと学習ガイダンス ②大学講師から学ぶ ③④サギソウ成長記録 ⑤ふるさとの魅力（移住してこられた方によるパネルディスカッション） ⑥課題設定　課題に対する仮説を考える	㉒	㉒　「サギソウに関連したまち・むらおこしについて」の課題設定
情報収集	⑦～⑭ 7	⑦～⑭「サギソウの魅力を知らせるイベントを行おう」 ・3つのグループ「イベント部・広報部・育て広めよう部」にて情報収集 ・イベント内容　広報の方法　広める方法等の情報収集 ・インターネット、サギソウの観察、本による情報収集 ⑬上野森林公園でのサギソウ園の観察、専門家へのインタビュー	㉓ ㉔	㉓㉔　課題に沿った情報収集 インターネット、インタビュー、本などによる情報収集
整理分析	⑮⑯ 2	⑮⑯広報手段の紙面内容の検討、発表用パ[illegible]検討	㉑ ㉕ ㉖	㉑サギソウ鑑賞会アンケート分析 [illegible]検討
まとめ	⑰⑱ 2	⑰⑱広報の完成、[illegible]表用パネルの完成、イベント内容の完[illegible]	㉗	㉗発表用資[illegible]グループでまとめる
表現・実践	⑲⑳ 2	ふるさとフェスタでの発表 ⑲⑳サギソウ鑑賞会での発表	㉘ ㉙ ㉚	㉘学習発表会 ㉙㉚サギソウの定植 京都環境フェスタでの発表

ゴールを最初に決める
ゴールを最初に決める

図8-1　単元計画

③単元指導計画

1年ふるさと学習「～ふるさとをサギソウのさとにしよう～」単元指導計画

No.	月	日	曜日	時数	合計	学習内容	備考
1				1	1	ふるさと学習ガイダンス　テーマ「～ふるさとをサギソウのさとにしよう～」	
2				1	2	サギソウについて学ぶ（京都府立大学　武田先生講義）	
3				／	／	サギソウの生長過程の記録	教師で写真撮影
4				2	4	サギソウの生育過程のまとめ	
5	5	28		1	5	ふるさとの町・村おこしをまなぶ（地域の町・村おこし担当者とのパネルディスカッション）	全学年共習
6				1	6	探究活動の課題設定 課題「村の人がサギソウついて知ってもらう」　仮説「ふるさとフェスタで広めることが効果的である」	
7				／	／	3グループの編成	教師で
8				2	8	ふるさとフェスタのサギソウイベントを成功させるための、グループを組んで取り組む。 （ステージ発表内容・学習内容の発表・サギソウの配布・育て方の発表等）	

ここまでの学びを探究的な学習に向けた「知識の深化」の時間と位置づける。
サギソウのことをより深く知り、課題設定が出来る力を身に付ける時間として学習を計画する。

課題設定を行い、その課題に沿った仮説を立てる。

課題に対する仮説を立てた上で、その検証方法を考える。

図8-2　単元指導計画

（3）単元指導計画

単元指導計画（図8-2）では，単元計画を一年間でどのような時期にどう位置づけるのかを決定した。年間の行事予定と調整することや，いつ学習させると効果的かなどを考え作成した。とくに教科との関連等のある内容もあるため，そのような部分も学年や総合的な学習の時間部で協議し決定をした。

2 探究のプロセスについて

　本節では，探究のプロセスに乗っ取った学習内容について，本校の実践から具体的にどのように探究学習を行ったのか実践を中心に紹介する。

　本校では主体的に学ぶ力を育成するため探究のプロセスに乗っ取った学習を行った。本校ではこのプロセスに3つのポイント（図8-3）を設け実践を行っている。一つ目のポイントは，課題設定の前に課題を見出すための知識を深める活動を設ける「知識の深化」。二つ目のポイントは，「課題解決のために必要な情報は何か」「何をどのように分析するのか」を明確にするために設定した課題に「仮説」を設けることである。三つ目のポイントは，目指すゴールを具体化するために，「実践を意識したまとめ」を行うことである。この3つのポイントを加えたことにより，生徒たちは全体の流れをスムーズにイメージし，課題解決のために何をすべきか自ら考え学習を進めていくことができた。

　次に，具体的な探究的のプロセスの実践例を本校2年生の「お茶学習」から，① 課題設定，② 情報収集，③ 整理・分析，④ まとめ・表現，の4つのステップで説明する。

① 　課題設定　「村の魅力的なお茶の味を伝えよう」
　　～お茶を使った村おこしについて学ぶ～

　生徒たちは，地場産業であるお茶について小学生の時から学習している。中学校では，地域のお茶の現状がどうであるのか。その現状を踏まえて地域ではどのような取り組みを進めているのかを学ぶことで，2年生の総合的な学習の

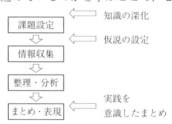

図8-3　探究のプロセスの3つのポイント

第8章　中学校における総合的な学習の時間の実際

図8-4　イメージマップの活用　　　　図8-5　お茶の飲み比べ

時間のテーマである「村のお茶の魅力を伝えよう」に取り組む意義や課題を見出すこととした。

　課題設定の前に，知識の深化を図るため，地域の町・村おこしの担当者によるパネルディスカッションを実施した。村で実際行われている取り組みを知り，中学生ならではのアイデアで村のお茶の取り組みに参加していこうとする意欲が見られるようになった。

　～伝えたい村のお茶の魅力を決めよう～

　生徒たちは，村のお茶が宇治茶として人気があるのは知っているが，実際どこが魅力的なのか説明することができない生徒が多かった。そこで，村のお茶のイメージをイメージマップ（図8-4）を活用し各グループで広げることとした。どのグループでもイメージとして出てきたのは『味がおいしい』だった。味が本当に魅力的なのか，この疑問に答えるため，他の産地のお茶と飲み比べる（図8-5）ことで「村のお茶の魅力」は『味』と生徒たちは決定した。

　これらの学習を通して，「村の魅力的なお茶の味を伝えよう」という課題を設定した。また，この課題を解決するために，「おいしい理由がわかれば，村のお茶の魅力が伝わる」と仮説を立て，学習を進めた。

② 情報収集　「村のお茶がおいしい理由を探る」

　～おいしいお茶の淹れ方を学ぶ～

　村のお茶を飲んでもらい，おいしいお茶であることを知ってもらうために，茶道体験とお茶の淹れ方講座を実施した。茶道体験からは，飲む時の場の雰囲

125

図8-6 茶摘み体験

図8-7 茶工場見学

図8-8 茶農家の話を聞く

気や心持ちなどによって，おいしく感じることを学んだ。また，煎茶の淹れ方講座では，煎茶を上手に淹れる方法について学んだ。このことにより，最後の表現の場である『ふるさとフェスタ』で，村のおいしいお茶を飲んでもらえる準備ができた。

〜お茶の生産から消費までの過程で，おいしい味となる理由を探る〜

お茶の生産から消費までの過程で，おいしい味となる理由を探るため，「茶摘みの仕方」「茶工場での工夫」「茶農家での工夫」の調査を行った（図8-6，8-7，8-8）。

それぞれの体験や学びでは，情報収集としてワークシートを活用し，それぞれの過程で必要な情報についてメモを取り，今後の整理・分析につなげた。

第8章　中学校における総合的な学習の時間の実際

図8-9　気候を調べるグループ

図8-10　地形を調べるグループ

図8-11　地質を調べるグループ

～村の自然環境を探る～

　生徒たちは，学習の中でおいしいお茶の産地となる自然環境を「昼と夜の温度差が大きい」「小高い傾斜のある地形」「水はけが良い土質」と定義した。さらに，この条件に村の自然環境があてはまるのかをグループに分かれて，インターネットや村に関わる書物，地図などを活用して，それぞれ調査を行った（図8-9，8-10，8-11）。

③　整理・分析　「村の魅力的なお茶の味を引き出しているものは何か考える」

　～村の自然環境から魅力的なお茶の味を引き出しているものは何か考える～

　おいしいお茶が育つ自然環境として定義した「昼と夜の温度差が大きい」「小高い傾斜のある地形」「水はけが良い土質」の3つについて，村の自然環境が適しているのか比較対象を設けて分析をした（図8-12，8-13，8-14，8-15，8-16）。

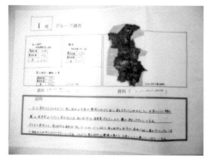

図8-12　気候の比較 　　　　　　　　　図8-13　地形の比較

図8-14　地質の比較

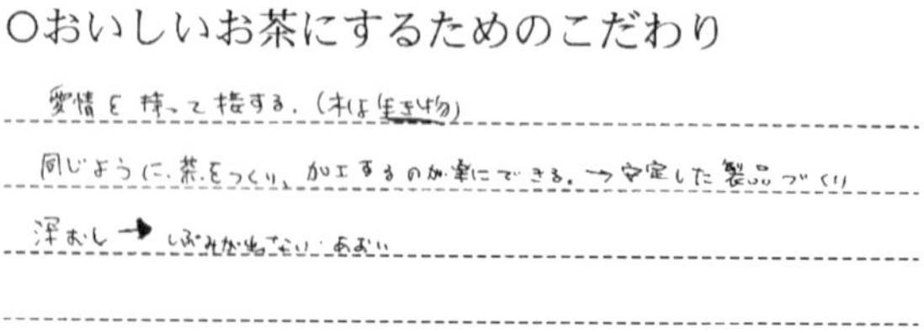

○おいしいお茶にするためのこだわり

図8-15　茶工場でのワークシート

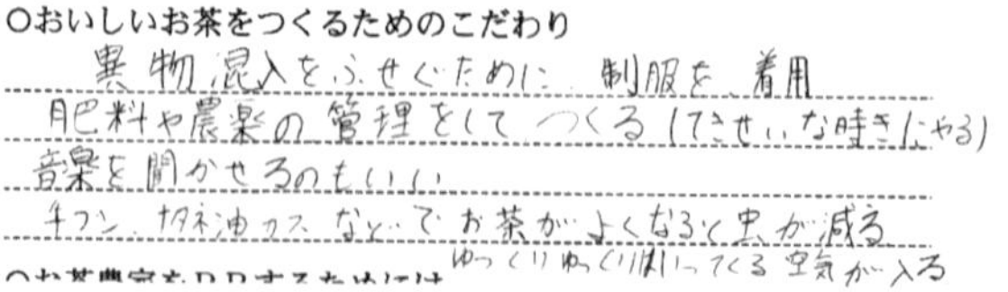

○おいしいお茶をつくるためのこだわり

図8-16　茶農家の工夫についてのワークシート

第8章　中学校における総合的な学習の時間の実際

図8-17　スライドの作成

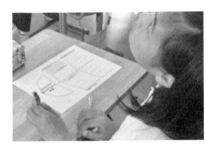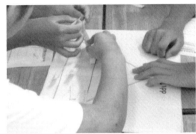

図8-18　より良いスライドにするために

　この分析結果により村の自然環境は，よいお茶の産地の条件として適していることがわかった。
　〜生産過程から村の魅力的なお茶の味を引き出しているものは何か考える〜
　村の魅力的なお茶の味を引き出しているものは何かを，それぞれの体験などのワークシートから導き出す作業を行った。「味」の魅力を引き出している工夫について焦点化することで，必要な情報の取捨選択がスムーズに行えた。その結果，生産過程に多くの村独自のこだわりがあることがわかった。
④　まとめ・表現　「村の魅力的なお茶の味を伝えよう」
　〜発表するスライドの作成〜
　村のお茶の魅力を伝えるスライドの作成（図8-17）をペアで行った。より良いスライドにするために，思考ツール（フィッシュボーン：図8-18左，ピラミッドチャート：図8-18右）を活用し，スライド内容のチェック基準を設け，生徒

129

図8-19 お茶のふるまいと飲み比べ

図8-20 村のお茶の魅力を発表

間でスライドの評価を行い,改善を重ねた。

～『ふるさとフェスタ』で多くの人に魅力的な村のお茶の味を伝える～

　8月に実施された『第3回笠置中学校ふるさとフェスタ』で,村のお茶の魅力を伝えるために活動を行った。前半では,「村のお茶と他の産地とのお茶の飲み比べ」(図8-19)や,家でもおいしく村のお茶を飲んでもらうために「お茶の淹れ方講座」も実施した。後半はホールにて,「村のお茶がおいしい理由」(図8-20)をスライドで発表した。

　課題設定の時に,「伝えたいお茶の魅力は『味』」と明確にしたことによって,どのような情報が必要であり,何を伝えるのかが明確となった。課題解決までの手順が明確になったことにより,生徒が主体的に学習に取り組むことができる総合的な学習の時間となった。

3　思考ツールの活用

(1) 対話的な学びを深めるために

　対話的な学びを深めるためにどのような手法が良いのか。そのヒントとなるのが思考ツールである。本節では,思考ツールの紹介と本校での活用例について説明する。

　グループ学習でよく起こりがちなことは次の2点である。一つ目が個人の考

第8章 中学校における総合的な学習の時間の実際

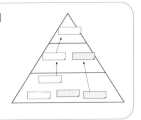

図8-21 考えをサポートする「思考ツール」

えの交流になってしまうグループ。二つ目がねらいに迫ることができないグループ。このような状況を改善するために本校が活用したのが，考えをサポートするツールである「思考ツール」の活用である。この思考ツールの特徴は，① 考える方向が視覚化されている，② 多くの人の意見が視覚化できる，③ 考えを視覚的に動かすことができる，の3点が特徴である。

考える方向性が視覚化されているため，全員が行き着きたいゴールがわかり，ねらいに迫った話し合いが進むこととなるのである。また，それぞれの意見が視覚化され，それを動かしながら話ができることで，意見をまとめたり，比較することができるようになり議論が深まることになるのである。次に，具体的な例を，ピラミッドチャートを活用し紹介する（図8-21）。

ピラミッドチャートは，他者の意見を絞っていくことに使うツールである。最初にそれぞれの意見を書いた付箋をピラミッドの一番下に貼っていく。出した意見の中から，良いものを上にあげる。この過程で，それぞれの意見の良い面や悪い面などを協議しながら上に上げていくこととなる。真ん中に上がった意見の中から，さらに良いものを選び上にあげる。一番上に上がったものをグループの意見として採用する。状況によって2つでも良い。また他の意見を合わせて一つにする活動もよい。このような，考え方をサポートする思考ツールを活用することで，一人ひとりの生徒の考えをもとに議論が進むようになった。

また，ねらいに迫る議論ができるようになり，思考ツールが協同的な学びの

中で，考えを深めたり，広げたりするツールとして便利であることは実感としてある。しかし，どの学習場面でどのようなツールを活用すればよいのか，試行錯誤を重ねていく必要があると考える。

（2）本校が活用した思考ツールの例

●ベン図

道の駅のサギソウ園にハッチョウトンボを飛ばす計画を立てた。その際に活用した思考ツール。

> ベン図（共通点を見出す）
> サギソウとハッチョウトンボの生息状況の共通点を見出すために活用した。

●ピラミッドストラクチャー

課題とその課題解決のための仮説。仮説を証明するための資料を記すための思考ツール

> ピラミッドストラクチャー（課題解決までの手順を導き出す）
> 村に多く生息していたサギソウが，なぜ準絶滅危惧種となってしまったのかという課題について，課題解決までの手順を導き出すため活用した。

●座標軸チャート

縦軸に効果，横軸に実効性とし，効果があり実現性を高いものを選び出していく思考ツール

> 座標軸チャート（効果の上がるものを見出す）
> 笠置中学校主催のイベント『ふるさとフェスタ』の広報手段を，効果，実現性両面から見出すために活用した。

第8章　中学校における総合的な学習の時間の実際

4　地域との連携

(1) 地域連携の必要性

　中央教育審議会が新学習指導要領に向けたこれまでの審議のまとめ (2016 〔平成28〕年8月1日) によれば，「『よりよい学校教育を通じてよりよい社会を創る』という目標を学校と社会が共有し，連携・協働しながら，新しい時代に求められる資質・能力を子どもたちに育む『社会に開かれた教育課程』を実現」と書かれている。

　これからの学習は，変化に対応する子どもをどのように育てていくか。また，社会と関わりの中で社会参画していく子どもを育てていく必要がある。生徒が関わる一番身近な社会は地域社会である。地域と連携して学ぶことは，異年齢との関わりでの学び，子どもだからという甘えが許されない責任感，また学びの発信とその反応など，多くのことを学ぶ機会がある。そして，成長した子どもが今度は自分たちが社会に出て社会を支えていくという良い循環が成り立つことになる。

(2) 地域との連携

　総合的な学習の時間は，探究活動に重点を置いた学習活動となる。探究する中で多くの教科を横断し学ぶ。本校のように地域に根ざした課題に目を向ける生徒も多くいるだろう。また，一番近い社会が地域社会であり，この地域社会と生徒をどうつなげていくのか，という点が社会で活躍する力を育成する一つの方法ではないだろうか。地域とのつながりは教師が意図して計画し作っていく必要がある。そうすることで，場当たり的ではない学習ができるのである。

　以下，本校の地域連携の取り組みを説明する。

① 地域とつながる場の設定

　地域とのつながりには，地域連絡協議会を立ち上げた。地域連絡協議会では，学校と役場との連絡調整をすることを目的としている。学校側から校長，教頭

をはじめ，総合的な学習の時間部主任，各学年主任が参加した。また連携したい企業にも参加していただいた。この地域連絡協議会では，学校の総合的な学習の時間の年間計画と役場，企業の計画を照らし合わせながら，学校側の取り組みについて協力をお願いした。また，役場のイベントについて学校に出演依頼もあるなど相互の関係を築くことができた。さらに地域人材に関しては，役場がコーディネーターとなり地域人材を紹介していただいた。

② 地域広報誌への掲載

地域の広報誌に中学校の取り組みを紹介してもらう記事を毎月掲載している（図8-22）。広報誌に中学校の取り組みを掲載してもらうことで，中学校の取り組みを知ってもらうと同時に，中学生が地域のことを懸命に考え学習しているということを地域に伝えるという両面で効果をあげている。また，中学校の取り組みを地域の方が知ることにより，情報提供や，協力を得られるなど今後の学習をすすめる上でのスムーズな連携につながっている。

③ 学びを活かした地域での活動

生徒の学びの，まとめ・表現の場として役場からの依頼で地域のイベントに参加している。地域の社会教育の学習講座に中学生の学びを発表する場を設けてもらい各学年の発表を行った。1年生は育てているサギソウについての紹介，2年生は村のお茶のおもてなしを行った。また3年生は，地域活性化の取り組みを発表した。

④ 役場との協働

役場からの依頼で，役場と協働して町の観光マップを作成することの実践も行った。中学生の視点で町のPRをしてほしい，との依頼であった。この取り組みでは，役場の職員からプロとして指摘を受けながらの作業となり，普段では見せない緊張した面持ちで活動に取り組む生徒も多くいた。

⑤ 地域連携の発展

地域との関わりの中で，地域連携は段階的に発展していくことがわかってきた。第1段階は，講師として地域の人に来てもらうという，こちらから依頼して地域とつながる段階。第2段階は，地域から依頼され地域の取り組みに参加

第8章　中学校における総合的な学習の時間の実際

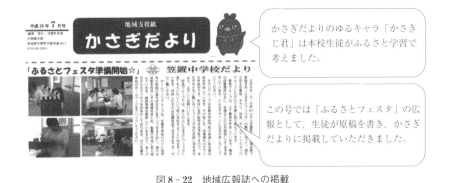

図8-22　地域広報誌への掲載

する形であり，学校の取り組みを理解して学校を頼って地域から人が来る段階。第3段階は，地域と学校がパートナーとなり学校と役場・地域が協働して取り組みを行う段階。この段階となると地元の地域活性化に学校が大きく影響を及ぼすようになってくる。地域と学校が結びつく段階があり，学校の取り組みを知ってもらうこと，さらに地域貢献を続けることで地域からの信頼を得て学校と地域の連携が強まり，WinWinの関係が築かれてきている。

5　生徒・教師・地域の変容

（1）生徒の変容

「ふるさとの活性化に取り組む学習は楽しい」というアンケートでは85％の生徒が肯定的に答え，自分たちの地域を考える生徒が育ってきている。「総合的な学習の時間では，自分で課題を立てて情報を集め整理して，調べたことを発表するなどの学習に取り組んでいますか」という探究のプロセスに則った学習ができているのかというアンケートでは80％を越える生徒がそう思うと答えている。これによりどのように学ぶのかという学び方が定着していっていることがわかる。「生徒の間で話し合う活動を通じて，自分の考えを深めたり，広げたりすることができていると思いますか。」には，全国平均を上回り，対話的な学習の中で，考えを深めたり，広げたりできていることがわかった。また

生徒たちは地域の方々と協働した学習を楽しめている。そして地域からの期待を感じることにより自尊感情の高揚や，次の学びの意欲となっている。総合的な学習の時間を行うことで，ふるさとに誇りをもち，ふるさとに貢献しようとする生徒が育っている。さらにこの学習を始めたときには，「中学生がこのような地域活性化なんてできるの」と言っていた生徒が，卒業する時には「中学生でも本気になって取り組めば，結構なことができるんだ」と言っていた。このことは，総合的な学習の時間を探究学習として取り組むことで，自分から学ぶという学び方を身に付けたり，社会に参画しようとする社会で活躍する生徒が育ってきているのがわかるアンケート分析であった。

（2）教師・地域の変容

　総合的な学習の時間を探究的な学習として力を注いだ結果，教師にも変容があった。生徒が主体的に学ぶ場面を意識して準備するなど，教師自身の意識改革がみられるようになった。また，総合的な学習の時間の学習を通して，教職員が地域とつながることの重要性を実感するようになった。それは社会総がかりで子どもの育成を目指す「社会に開かれた教育課程」の大切さを感じることであった。そして，授業改善の取り組みを進める中で教職員が互いに学び合う雰囲気が広がり，教職員がチームとしてまとまることにもなった。

　地域を題材とした本校の総合的な学習の時間を進める上で，地域の協力は不可欠なものだった。取り組みを通して地域の方の中学校への関心・期待の高まりを感じてきている。地域が，今まで以上に中学校の教育活動に対して積極的に協力・参加していただけるようになっている。そして先ほど説明した，学校が地域とつながる重要性を感じたと同じように，地域も学校と協力して地域活性化に取り組もうとする気運が高まっている。

（3）総合的な学習の時間を通して

　現在では，各教科で実社会とつながった学習をすることや，主体的に学習させる授業展開・授業改善をするべきである，といわれている。しかし，なかな

か困難な部分もあった。そのような状況の中で，総合的な学習の時間は探究活動に重点を置き，主体的に学習する機会を多くもち，どの教科よりも社会につながる学習内容を実践できる学習の一つである。

　本校では，総合的な学習の時間を中心に，学ぶ楽しさを学んでほしい。社会に出たときに活躍できる生徒を育成したい，との思いで学習指導を行ってきた。生徒たちは探究のプロセスに則った主体的な学びを実践している中で，自分たちで課題を設定し，その課題の解決に向けて学習していくことの楽しさを感じるようになってきた。また身近な社会である地域を題材にした学習を行う中で，社会的な問題に触れ，自分たちは，この問題にどう向き合っていくのか。学校での学びをどう社会で活かすのかを考えることができた。総合的な学習の時間を中核に置き，総合的な学習の時間の学び方を教科に波及することで，生徒の各教科での学びの意識も変化したのである。

　今の学校教育に求められている学習のあり方である「何を学ぶか」「どのように学ぶか」，そして「何ができるようになるか」，これらの要素がわかりやすく実践できるのが総合的な学習の時間であり，中学校などのような教科担任制では壁となっていた，教科の枠を越えての教師の研修も行えるのが総合的な学習の時間である。総合的な学習の時間が生徒・教師・地域の変容をもたらし，変化の激しい社会で生きぬく「生きる力」を育成する。その中核を担う学習であり，より一層，総合的な学習の時間の質的向上が求められている。

学習の課題

(1) 自分が住んでいる市町村を題材として，総合的な学習の時間で取り上げたい課題を3つ以上あげてみよう。

(2) あげた3つの中から一つを選び，その課題をどのような形で解決させるのか考えよう。（児童生徒の発達段階を考慮すること）

【さらに学びたい人のための図書】
　文部科学省（2011）『今，求められる力を高める総合的な学習の時間の展開（中学校編）』教育図書。

⇨総合的な学習の時間の必要性や総合的な学習の時間をどのように作り上げていくのかが記されている。総合的な学習の時間の指南書。

田村学・黒上晴夫著（2014）『こうすれば考える力がつく！　中学校　思考ツール』小学館。
　　⇨協働的な学習においてグループの討議が深まる思考ツールの活用について，思考ツールの紹介とその活用例が解説されている。

（山田直人）

第9章 総合的な学習の時間と国際理解教育

この章で学ぶこと

　総合的な学習の時間では，その趣旨や目的を踏まえた上で，地域，学校，児童生徒の実態に応じて，各学校において創意工夫を活かした教育活動を展開することが原則とされている。学習指導要領では，総合的な学習の時間で取り組むテーマの一つとして国際理解があげられたため，総合的な学習の時間において国際理解をテーマとした実践が行われることが増えている。日本では，戦後まもなくから取り組みが始まった国際理解教育であるが，その内容について未だ十分に理解されているとはいえず，手探りでの実践も多い。そこで，本章では，国際理解教育の歴史と現状，目標及び内容の事例，実践の特質や課題について学んでいきたい。

1　総合的な学習の時間における国際理解教育

　これまでの章でも述べられているように，総合的な学習の時間の創設が提起されたのは，1996（平成8）年中央教育審議会答申「21世紀を展望した我が国の教育の在り方について」（第一次答申）であった。同答申では，総合的な学習の時間の創設を提言する背景として，「今日，国際理解教育，情報教育，環境教育などを行う社会的要請が強まってきているが，これらはいずれの教科等にもかかわる内容を持った教育であり，そうした観点からも，横断的・総合的な指導を推進していく必要性は高まっている」と述べている。総合的な学習の時間の導入にあたり，横断的・総合的な学びの例示として，国際理解教育が取り上げられたことは，学校現場において国際理解教育の重要性や必要性を再認識させる契機となった。

　また，1996（平成8）年答申は，教育の国際化課題についても多様な観点か

ら提言しているが，その一つとして「国際理解教育の充実」も掲げられていた。そこでは，21世紀の学校教育において国際理解教育への取り組みが必要となる理由を，次のように述べている。

> 　国際化が進展する中にあって，広い視野とともに，異文化に対する理解や，異なる文化を持つ人々と共に協調して生きていく態度などを育成することは，子供たちにとって極めて重要なことである。こうした教育は，既にこれまでにも，各学校において，各教科，道徳，特別活動などの指導において，あるいは学校独自の行事などを通して，様々な形で取組まれてきたところである。しかし，相互依存の関係が深まるこれからの国際社会を考えるとき，このような教育はますます重要なものとなってきており，これからの学校教育においては，国際理解教育の推進についての明確な理念を持ってこの面での教育を充実させていく必要があると考える。

　そして，多様な異文化の生活・習慣・価値観などについて，「違い」を「違い」として認識していく態度，相互に共通している点を見つけていく態度，相互の歴史的伝統・多元的な価値観を尊重し合う態度などの育成，他文化や国際社会の理解と同時に，自国の歴史・伝統文化を理解することや個としての確立の重要性，欧米先進諸国中心ではなく，アジア諸国やオセアニア諸国など様々な国々への眼差しの必要性など，国際理解教育を推進する上でのポイントを示している。さらに，国際理解教育は，各教科，道徳，特別活動などのいずれを問わず推進されるべきものでありその理念やねらいについて，全教員が共通理解をもって取り組むことの重要性，知識理解にとどまらず，体験的な学習や課題学習を通して実践的な態度や資質・能力を育成していく必要性，国際的な情報通信ネットワークや外部人材の活用，国際交流活動や諸外国への研修旅行の有効性などについても指摘されている。

　21世紀を迎え，社会のグローバル化の進展はさらに速度を増しており，将来，さらなるグローバル化が進むことは疑いようがない。グローバル化の中で必要となる資質・能力の育成を目的としている国際理解教育は，より積極的に取り組まれるべき教育であるといえる。同時に，国際理解教育は，特定の教科の中

でだけ実践すればよいという性格のものではなく，学校全体の教育活動の中核に位置づけられながら，教科の枠を越えて，総合的・横断的に学ぶ必要があり，総合的な学習の時間のテーマとするには，まさに適切であるといえる。

2　国際理解教育の出発点

さて，ここで国際理解教育の略史を整理しておこう。

> 戦争は人の心の中で生まれるものであるから，人の心の中に平和のとりでを築かなければならない。

よく引用されるユネスコ憲章の前文のフレーズである。第二次世界大戦の戦禍が人類に与えた影響は大きく，戦後の平和な国際社会の実現を目指してユネスコは創設された。ユネスコが，まず取り組んだのは，世界的な国際理解教育の普及であったといってよい。戦争が生み出される原因の一つに，人種間，民族間，宗教間，国家間等での先入観や偏見があるといえる。近年でも，世界や日本のヘイト・クライム，ヘイト・スピーチの問題がクローズアップされている。これらの文脈の中で，図9-1のような「先入観による行為」「偏見による行為」「差別」「暴力」「ジェノサイド（虐殺）」という5層からなる「憎悪のピラミッド（Pyramid of Hate）」について，様々に紹介されるようになってきた。先入観や偏見による行為が増長され，集団化することで，さらなる憎悪の行為を生み出していく構造は，第二次世界大戦時も，現在も同じであるといえる。近代国民国家における国民教育は，他国，他民族に対する偏見や偏狭なナショナリズム等を醸成する装置として機能してきたという，負の側面をもっていることはよく知られている。それゆえに，設立当初のユネスコは，真に平和な世界の実現を目指し，国際理解教育を世界的に普及させることによって，国家や民族等の間に存在している誤解や偏見を除去することに，第一に取り組んだのである。

図 9-1　憎悪のピラミッド

　日本の戦後の新教育は，ユネスコの掲げる理念と歩調を合わせて展開してきたという見方もあるが，日本における国際理解教育の歴史を紐解けば，実は，その歴史は古く，戦後間もない時期から取り組みが始まっている。たとえば，戦後直後から国際理解教育の研究に取り組んだ代表的研究者として勝田守一をあげることができる。勝田は，戦後日本を代表する教育学者として幅広い分野で活躍しているが，当時のユネスコ主催の国際セミナー等に日本代表で参加するなど，国際理解教育の理論的指導者でもあった。『初等教育資料』（1951年9月）は，「国際的理解の指導」という特集を組んでいるが，勝田は，「国際理解の教育」と題する論考を寄稿し，冒頭の文章で「国際理解の教育が平和な世界を形成するという目的のために行われるという自明のことをここでくり返しておくことは必要だと思う」と，国際理解教育の当初の目的を端的に説明している。また，勝田は，1952（昭和27）年に発行された『教育科学事典』（朝倉書店）の「国際教育」の項目の中で，国際理解教育の性格を次のように述べている。

> 　国際教育は，単に国際的な知識を豊富にさせることをめざすのではなく，各国民間に相互の善意と信頼とをきずきあげるために，種々の機関や方法を通じて行われなければならない。しかし国際教育は，単に世界市民を形成するというだけでなく，各国民の人間性にもとづく国民性および文化を尊重しながら，各国民相互の善意にもとづく理解を推進することを通じて，世界に開いた心を持つ（world-minded）国民を形成することをめざすのである。

時代背景や国際情勢が異なるとはいえ，65年以上前の日本の国際理解教育の草創期に，勝田をはじめとする多くの研究者が，どのような課題を投げかけていたのか，国際理解教育の実践にあたり，その原点は常に意識しておきたい。

3　国際理解教育の展開

ユネスコの動向に影響を受けながら，その後も国際理解教育は，国際情勢や国内の状況変化，グローバル化によって新たに生じた課題などに対応しながら展開してきた。たとえば，国際理解教育の体系が示されたとされるユネスコの「国際理解，国際協力，および国際平和のための教育と，人権と基本的自由についての教育に関する勧告」(1974年)，その改訂版ともいわれる「平和・人権・民主主義のための教育に関する宣言」(1994年) などは，日本の国際理解教育の理念や目標にも影響を与えてきた。近年では，日本政府が提案し，国連総会での議決を経て，世界的に取り組みがなされている「持続可能な開発のための教育 (Education for Sustainable Development：ESD)」は，国際理解教育の実践にも大きな影響を与えている (ESD の詳細については，第10章を参照のこと)。また，1960年代のアフリカ諸国の独立によって表出した開発問題や国際協力への視座，1970年代の石油危機以降の世界的な資源，エネルギー，人口，食料といった地球的課題の表面化等，それぞれの時代の国際情勢も，国際理解教育の実践に影響を与えている。

1980年代になると，日本企業の海外進出の増加に伴う，帰国児童生徒の受け入れ問題や在外教育施設 (日本人学校等) の課題なども，国際理解教育の領域の中で議論されるようになり，2000年代以降は，外国人労働者やその子どもたちをめぐる問題についても国際理解教育で頻繁に扱われるようになっている。

最近では，国連「持続可能な開発目標：Sustainable Development Goals (SDGs)」に関する取り組みも，国際理解教育や環境教育などの中で始まっている。SDGs とは，2015年9月の国連サミットで採択された「持続可能な開発のための2030アジェンダ」で提起された2016年から2030年までの間，国際的に

表 9-1 持続可能な開発目標（SDGs）

目標1（貧困）	あらゆる場所のあらゆる形態の貧困を終わらせる。
目標2（飢餓）	飢餓を終わらせ、食料安全保障及び栄養改善を実現し、持続可能な農業を促進する。
目標3（保健）	あらゆる年齢のすべての人々の健康的な生活を確保し、福祉を促進する。
目標4（教育）	すべての人に包摂的かつ公正な質の高い教育を確保し、生涯学習の機会を促進する。
目標5（ジェンダー）	ジェンダー平等を達成し、すべての女性及び女児の能力強化を行う。
目標6（水・衛生）	すべての人々の水と衛生の利用可能性と持続可能な管理を確保する。
目標7（エネルギー）	すべての人々の、安価かつ信頼できる持続可能な近代的エネルギーへのアクセスを確保する。
目標8（経済成長と雇用）	包摂的かつ持続可能な経済成長及びすべての人々の完全かつ生産的な雇用と働きがいのある人間らしい雇用（ディーセント・ワーク）を促進する。
目標9（インフラ、産業化、イノベーション）	強靱（レジリエント）なインフラ構築、包摂的かつ持続可能な産業化の促進及びイノベーションの推進を図る。
目標10（不平等）	各国内及び各国間の不平等を是正する。
目標11（持続可能な都市）	包摂的で安全かつ強靱（レジリエント）で持続可能な都市及び人間居住を実現する。
目標12（持続可能な生産と消費）	持続可能な生産消費形態を確保する。
目標13（気候変動）	気候変動及びその影響を軽減するための緊急対策を講じる。
目標14（海洋資源）	持続可能な開発のために海洋・海洋資源を保全し、持続可能な形で利用する。
目標15（陸上資源）	陸域生態系の保護、回復、持続可能な利用の推進、持続可能な森林の経営、砂漠化への対処、ならびに土地の劣化の阻止・回復及び生物多様性の損失を阻止する。
目標16（平和）	持続可能な開発のための平和で包摂的な社会を促進し、すべての人々に司法へのアクセスを提供し、あらゆるレベルにおいて効果的で説明責任のある包摂的な制度を構築する。
目標17（実施手段）	持続可能な開発のための実施手段を強化し、グローバル・パートナーシップを活性化する。

取り組むとされる目標である。2001年のミレニアム開発目標（MDGs）の後継目標として位置づけられ，表9－1に示す17の目標が設定されている。SDGsに関連する実践は，今後拡がっていくと予想されており，総合的な学習の時間のテーマ設定の際にも考慮したい事柄である。

4　国際理解教育とユネスコスクール

　国際理解教育の展開にとって，ユネスコスクールが重要な役割を果たしてきた。ユネスコスクールは，もともとユネスコ協同学校と呼ばれており，1953年から，ユネスコの掲げる国際理解教育の理念を学校現場で実践し，実践の成果を共有・検討することを目指して創設された国際的なネットワーク（Associated Schools Project Network）である。日本は，1953（昭和28）年当初から6校が参加し，ユネスコスクール認定校では，「人権の研究」「国際連合及びその専門機関の研究」「他国の理解」というユネスコが設定した3つのテーマについて多様な実験的な実践がなされてきた。1953年当時は，15カ国の33校から開始されたが，現在では，180を越える国の約10,000校が認定を受けている。世界に先駆けて取り組みを始めた日本では，その後停滞期ともいえる期間が長く続き，認定校数は大きく増えることはなかった。しかし，文部科学省や日本ユネスコ国内委員会によって，ユネスコスクールがESDの推進拠点と位置づけられて以降，ESDの普及とともに，加盟校が急速に増えている状況にある。2005（平成17）年時点では17校であったが，2010（平成22）年では277校，そして，2016（平成28）年には幼稚園から大学まで1,000校を越える学校がユネスコスクールに認定されている。全国に拡がったユネスコスクールでのESD関係の実践は，ユネスコスクールの公式ウェブサイト（www.unesco-school.mext.go.jp）にも紹介されており，総合的な学習の時間における国際理解教育の実践を構想するうえで参考になる。

5　国際理解教育をめぐる課題

　これまでに述べたように，日本における国際理解教育の歴史は古く，多様な実践が報告されているが，その一方で，課題も指摘されている。

　たとえば，2004（平成16）年から2006（平成18）年にかけて開催されてきた文部科学省の初等中等教育における国際教育推進検討会の報告では，授業実践上の課題として，次の2点を指摘している。

> ○一部の教員任せになっており学校全体の取組になっていない傾向がある。
> ○英語活動の実施すなわち国際理解という誤解の拡大，単なる体験や交流活動に終始など，国際教育の内容的希薄化・矮小化が懸念される。

　第一の課題については，日本ユネスコ国内委員会編『国際理解教育の手引き』（1982年）でも，同様の課題がすでに指摘されており，総合的な学習の時間導入後，国際理解教育の優れた実践が増える一方で，35年以上前に指摘されている課題が未解決のままの学校が存在していることがわかる。この大きな要因は，国際理解教育に対する理解不足や誤解であると思われる。これほど国際理解教育の重要性が指摘される時代にあっても，国際理解教育についてまったく学ばなくとも教育職員免許状を取得でき，国際理解教育に関する教員研修プログラムも充実しているとはいいがたいのが現実である。総合的な学習の時間を充実させるためにも，これからの時代の教員は，国際理解教育について正確に理解しておく必要がある。

　第二の課題については，総合的な学習の時間導入後にとくに顕著となった課題ともいえる。その要因は，第一の課題とも関係するが，総合的な学習の時間の導入以降，国際理解教育の歴史的展開や目標・内容のあり方などについて正確に理解されないまま，言葉のイメージによる実践が先行していることにある。もちろん，国際理解を進めるにあたって，英語によるコミュニケーション力や，留学生との交流や海外研修などが有効であることは疑いのないことである。し

かし，それはあくまでも国際理解を進めるための手段やきっかけであって，それそのものを目的としたり，単発のイベントとすべきではない。国際理解は，英語教育，海外研修，外国（人）理解とイコールではない点は実践の構想において常に留意されるべきである。

6　国際理解教育の目標，内容構成の事例

　学校における国際理解教育の重要性は日に日に高まってはいるとはいえ，全国の学校で活用できる国際理解教育の体系的なカリキュラムモデルは，未整備の状態にある。これは，国際理解教育が，特定の教育内容の系統的な理解を目的としているわけではなく，児童生徒の実態，学校や地域の状況等に応じて，多様なアプローチから実践する必要があり，全国統一のカリキュラムで実践することに馴染まない性格をもっているからでもある。

　だからといって，各学校でまったくゼロの状態からカリキュラムをデザインすることも容易ではない。国際理解教育のカリキュラムをデザインする際に，日本国際理解教育学会の取り組んだ研究は，大いに参考となる。その成果は，同学会が編集した『国際理解教育ハンドブック』（2015年）や『グローバル時代の国際理解教育』（2010年）に詳しく紹介されている。

　そこでは，国際理解教育の目標を，表9-2に示すように，「知識・理解」「技能」「態度」の3つから設定する。

　また，上記3つの目標に加えて，図9-2に示す体験目標を加えていることにも特徴がある。

　体験目標を設定した理由を，大津和子は，『国際理解教育ハンドブック』において，「本来，体験は何らかの学習目標を達成するための方法と考えられるが，「総合的な学習の時間」における体験的な学習を重視して，体験目標を加える。体験すること自体の中に，学習者にとってのさまざまな気づきや発見，喜びや感動があり，それらの重要性を授業者がより意識的にカリキュラムに組み込むために，あえて体験目標を設定する」と述べている。もちろん，国際理

表9-2 国際理解教育における知識・理解,技能,態度目標

知識・理解目標	文化的多様性	○世界にはさまざまな文化が存在するが,人権に共通する文化の側面もある。 ○文化は異文化との交流を通じて絶えず変化し,創り出されるものである。 ○異なる文化を理解することはときに容易ではなく,文化摩擦や文化対立が生じる場合があるが,異なる文化を相互に認め,共に生きようとすることが重要である。
	相互依存	○私たちの生活は,さまざまなかたちで世界の人々とつながっている。 ○世界のできごとは私たちの生活に影響を及ぼし,私たちの生活は世界の人々の生活に影響を及ぼしている。 ○交通や通信網の発達により私たちは膨大な情報に囲まれており,情報を適切に選択し判断することが重要である。
	安全・平和・共生	○地域や世界には直接的暴力(戦争・紛争など)や構造的暴力(貧困・抑圧・環境破壊など)により,安全や人権が脅かされている人々が存在している。 ○誰もが人間としての尊厳を尊重され,安全で幸せな生活ができる社会をつくるために,さまざまな取組みがなされている。
技能(思考・判断表現)目標	コミュニケーション能力	多文化社会の中で,異なる考えや文化をもつ地域や世界の人々と,言語などを通じてコミュニケーションができる。
	問題解決能力	複雑な現代社会の直面している課題を的確に把握し,解決法を追究し最善の選択をするために,根拠を明確にして論理的に考えることができる。
態度(関心・意欲)目標	人間としての尊厳	地域・社会の中で,個人としての自己および他者の人格・人権を尊重しようとする。
	寛容・共感	多文化社会の中で,異なる文化をもつ人々や異なる状況にある人々の存在を認め,理解し,学ぼうとする。
	参加・協力	地域・社会をより望ましい方向に変化させるために社会の一員として行動し,人々と協力しようとする。

出典:日本国際理解教育学会編(2015)『国際理解教育ハンドブック』明石書店,96-97頁。

(人と)出会う・交流する (何かを)やってみる・挑戦する (社会に)参加する・行動する	→	気づく・発見する わかる・納得する 実感する・共感する	→	知識・理解目標 技能(思考・判断表現)目標 態度(関心・意欲)目標

図9-2 国際理解教育における体験目標

出典:日本国際理解教育学会編(2015)『国際理解教育ハンドブック』明石書店,96頁。

第9章　総合的な学習の時間と国際理解教育

表9-3　国際理解教育の学習領域とキーワード

学習領域	主な学習内容	キーワード		
		小学校低中学年以上	小学校高学年・中学校以上	高校以上
A 多文化社会	1 文化理解	生活文化 伝統文化 文化の多様性と共通性	文化の尊重 文化的寛容	全体文化（上位文化）と部分文化（下位文化）、対抗文化 エスノセントリズム（自文化中心主義）
	2 文化交流	異文化体験（食文化、遊び、歌など）	文化交流による文化の歴史的形成 コミュニケーション・スキル マイノリティとマジョリティ	文化摩擦、文化対立、文化変容、文化支配、文化創造 多文化共生とジレンマ
	3 多文化共生	地域の多様な人々との出会い		
B グローバル社会	1 相互依存	モノ（食べ物など）、ヒトを通じたつながり	ヒト（移動・移住・出稼ぎ・農民など） コト（音楽・スポーツなど）を通じたつながり	コト（紛争・フクシマ・地球温暖化など）の影響 グローバリゼーション
	2 情報化	身近な情報と情報源	マスメディア メディア・リテラシー	情報格差 情報操作
C 地球的課題	1 人権	自尊心・自己主張 人権の尊重 先入観・偏見への気づき	世界の子どもたち 子どもの権利条約 地域や国内のマイノリティ	民族、ジェンダー、セクシュアリティなどにかかわる差別問題と当事者たちの闘い
	2 環境	地域の環境問題 生活の見直し	地球環境問題、生態系 環境の保全	資源をめぐる南北対立、世界環境会議 資源の有限性と欲望の無限性
	3 平和	けんかや対立の原因と解決法	戦争と子ども 難民の子どもたち 軍縮・平和への取り組み	積極的平和、構造的暴力 人間の安全保障 平和の文化（ユネスコ）
	4 開発	発展途上国の子どもたち	健康、教育、南北格差	人間開発 持続可能な開発

				ODA，NGO などの取り組み	
D 未来への選択	1	歴史認識	地域の歴史認識	地域の国際的歴史認識 アジアの歴史認識	自国中心史観・ヨーロッパ中心史観の克服 地域史・国家史・世界史の統一的把握
	2	市民意識	地域の人々とのつながり	地域の一員意識 アジアの一員意識	民主主義社会の一員意識 社会的正義，当事者意識
	3	社会参加	地域への発信	地域での活動 ボランティア活動	さまざまな国際協力活動

注1　学習領域間の破線は，区分が難しく相互浸透が可能であることを示している。
注2　小学校低中学年・小学校高学年および中学校・高校段階はという区別は，あくまでもおおまかな段階を示すものである。中学校段階は小学校段階の内容を含み，高校段階は小・中学校段階を含む。
出典：日本国際理解教育学会編（2015）『国際理解教育ハンドブック』明石書店，102頁。

解教育は、「体験」させることを目的としているわけではないが、学習者の置かれた状況や問題関心からかけ離れた課題を設定し、一方的に知識を教えるような学習では、国際理解教育としては不十分なものとなってしまう。直接的な体験であったり、間接的な体験であったり、形態は多様であったとしても、体験的な学びの中で、学習者自らが、気づき、納得し、実感するプロセスを経由することで、知識、技能、態度目標の達成につながっていくという視点は重要となる。

　このような目標に沿って、国際理解教育の学習領域とキーワードを主な学習対象学年とともに整理されたのが、表9-3である。なお、この学習内容モデルは、実際に国内各地の学校の実践事例を収集・整理する方法で作成された。

　それぞれについては、ここで詳細に検討することはできないが、『グローバル時代の国際理解教育』において、4つの学習領域は、図9-3のような構造として設定されており、「多文化社会」「グローバル社会」「地球的課題」の学習が、「未来への選択」へと繋がっていく。つまり、学習の内容を、いわば「他人事」として理解するのではなく、自らの意識の変容や可能な範囲での社

第9章　総合的な学習の時間と国際理解教育

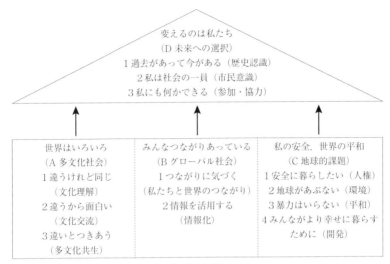

図9-3　学習領域の構造
出典：日本国際理解教育学会編（2010）『グローバル時代の国際理解教育』明石書店，39頁。

会参加につなげていくという構想になっている。

　総合的な学習の時間の趣旨がそうであるように，国際理解教育も，実践にあたっては，児童生徒，学校や地域の実態に合わせて適切な内容を策定する必要がある。上記モデルと児童生徒，学校や地域の実態をクロスさせることは，総合的な学習の時間のカリキュラム開発の一つの手法となろう。

7　国際理解教育の実践のパターン

　さて，国際理解教育の実践で用いられる，いくつかの代表的なパターンをここで紹介してみたい。これらは単純に切り分けられるものではないため，実際の実践では，それぞれが組み合わさる形でなされることには留意したい。

　第一に，「直接体験型」をあげることができる。これは，留学生との交流や海外研修など，児童生徒が直接的に体験することを通して，国際理解を進めようとするものである。経験が少ない児童生徒に直接外国や外国人と接する機会

151

を提供することは，国際理解教育の有効な方法の一つではあるが，単発のイベントに終わってしまう危機性もある。それを避けるためにも，事前事後の学習を充実させたり，日常の教科学習等と連携させる必要がある。

　第二に，「間接体験型」をあげることができる。国際理解教育で扱う内容は，直接体験ができるものばかりではない。ここでよく使用されるのは，たとえば，参加型学習の文脈でもよく紹介される「無人島ゲーム」「貿易ゲーム」「ちがいのちがい」や，「フォトランゲージ」「ロールプレイ」など，現実社会を単純化したり，モデル化した教材の学習を通して，関接的であっても，児童生徒により実感のある理解を促していく手法である。開発教育やシティズンシップ教育でも用いられ，様々な教材例が開発されているため，それらを総合的な学習の時間で取り入れながら全体の編成を検討することも効果的である。ただし，その場合にも，学習の振り返りや，事前事後の学習をしっかりと実施しなければ，本来の効果があがらず，逆に誤解を生じさせる結果にもなりかねない点には注意が必要である。

　第三に，「文化理解学習型」をあげることができる。これは，「3F（Fashon, Food, Festival)」などを題材としながら他国，他民族等「文化」の理解に焦点化したものであり，共通性や差異を理解しやすいため，国際理解教育で実践されることも多い。その一方で，文化概念は広義であり，何をもって当該社会の「文化」と見なすのかについて，厳密な検討が不可欠となる。児童生徒の主体的学習を行うとしても，教員の適切な助言等がなければ，かえってステレオタイプ的な理解を助長する危険性があることには留意が必要である。

　第四に，「課題解決学習型」をあげることができる。これも，国際理解教育の実践としてよく扱われるパターンである。地域，国内，世界の課題を扱うのか，また，課題について「気づく」「概要を理解する」「原因や背景を分析する」「解決方法を策定する」「解決にむけ行動する」等，どのレベルでの学習を目指すのかによっても実践は異なってくる。学習者の発達の段階等も踏まえる必要があるが，社会的諸課題を見る立場・視点によって異なる見方ができることも多いため慎重な題材選択が必要である。

最後に,「歴史認識重視型」をあげることができる。歴史認識をめぐる問題は,国際的な不信を生み出す大きな要因ともなっており,また,現代世界の深い理解には,歴史的なアプローチは不可欠となる。社会科の歴史学習と結びつけるなどの工夫によって,総合的な学習の時間の学習の深まりが期待できるが,児童生徒が主体的に考え,判断できる工夫をしなければ,特定の見方を押しつける可能性もあり留意が必要である。

8 総合的な学習の時間における国際理解教育の実践に向けた課題

　これまで述べてきた国際理解教育を総合的な学習の時間において実践する際に留意すべき点について,最後に整理しておきたい。
　第一に,学校で取り組まれている様々な実践とは別の新しい教育が付加されるとものであるという考え方から脱却することである。現在では各教科で学ぶ内容（たとえば,教科書内容）や各学校ですでに取り組まれている活動などにも,国際理解教育の内容が組み込まれている。まずは,学校で実践されている教科学習,教科外学習等の中の取り組みを整理し,それらとの関係で,国際理解教育の内容を策定する必要がある。日常の教育活動においてなされている人権を尊重する態度や他者を思いやる心の育成などが,国際理解教育の基盤となっていることも忘れないようにしたい。
　第二に,国際理解教育は関連諸教育で検討されている事項と組み合わさって実践されることも多いため,関連諸教育の実践や研究成果も参考にしながら,児童生徒,学校にとって適切な学習内容を設定する必要があることである。ESD,グローバル教育,平和教育,開発教育,多文化教育,シティズンシップ教育など,国際理解教育と類似の目標を掲げる教育は多い。国際理解教育は,これらの諸教育を束ねる「アンブレラ概念」であるとか,諸教育が引き寄せられる「磁場」であるという見方がなされている。たとえば,ESDやSDGsであれば環境教育や開発教育,地球的な課題であればグローバル教育,国内の外

図9-4 国際理解教育と関連諸教育（一部）

国人をめぐる諸課題であれば多文化教育，社会参加を目指すのであればシティズンシップ教育などと重なる部分が多い。総合的な学習の時間として，教科や特別活動などでの学びを総合するとともに，関連諸教育の視座も総合するという二重の総合性が必要となることも忘れないようにしたい。

第三に，児童生徒は，白紙の状態ではなく，すでに何らかの国際理解をした状態で教室にいることに目を向けることである。マスコミ，インターネット，地域の大人や保護者など，多様なソースからの情報には，誤解や一面的な情報も多い。それによって，望ましくない国際理解をしているケースも想定され，学習者が教室に持ち込む「国際理解の実態」を把握するところから開始することを忘れないようにしたい。

第四に，国際理解教育で扱う内容は，より多くの人によって合意される「最適解」はあったとしても，「正解」はないことに留意したい。同時に，何らかの学習成果を出すことだけでなく，学習成果を生み出すプロセスが重要となる点にも留意したい。たとえば，自主的なグループ学習の結果として「他者の価値観を尊重する」という意見が出されたとしても，その意見が，グループ内の他の児童生徒の意見を尊重して出された意見でなければ，学習の意味は薄れてしまう。国際理解教育は，結果として，知識の理解にとどまらず，学習者の価値観を変容させ，自らの生き方や他者との関わり方等を問い直させることにもなる。むしろ，他者の理解を通して，自らのあり方や価値観を自覚させ変容させながら，新たな行動につなげることにこそ国際理解教育の本質があるともいえる。そのためにも，結果を急ぐあまり，外国やグローバルな課題の表面的な

理解や単発のイベントの連続，さらには，タテマエ的な意見の羅列とならないよう，学習のプロセスや民主的な教室空間づくりなどにも十分配慮しながら，総合的な学習の時間における国際理解教育の実践に取り組んでいきたい。

引用文献
青木誠四郎ほか（編）（1952）『教育科学事典』朝倉書店。
勝田守一（1951）「国際理解の教育」『初等教育資料』（1951年9月）
中央教育審議会答申（1996）「21世紀を展望した我が国の教育の在り方について」（第一次答申）
日本国際理解教育学会編（2015）『国際理解教育ハンドブック』明石書店。
日本国際理解教育学会編（2010）『グローバル時代の国際理解教育』明石書店。

学習の課題
(1) 国際理解教育に関する文献を参考にしながら，理念，歴史，現状等について整理してみよう。
(2) 文献やインターネット等を活用して，総合的な学習の時間で実践されている国際理解教育の事例を収集し，その特徴や課題等について検討してみよう。
(3) 国際理解をテーマとする総合的な学習の時間の単元計画を作成してみよう。

【さらに学びたい人のための図書】
日本国際理解教育学会編（2015）『国際理解教育ハンドブック』明石書店。
　　⇨日本国際理解教育学会が編集し，国際理解教育の原理，歴史，カリキュラム，実践，国際的動向について整理されており，国際理解教育の実践者の必読書である。
日本国際理解教育学会編（2010）『グローバル時代の国際理解教育』明石書店。
　　⇨日本国際理解教育学会が編集し，学会の提起するモデルカリキュラムの理論的枠組みやそれぞれの領域における典型的な実践事例，さらに国際理解教育の学習に必要な基本文献などが整理されている。
文部科学省編（2008）『国際理解教育実践事例集　中学校・高等学校編』教育出版。
文部科学省編（2013）『国際理解教育実践事例集　小学校編』教育出版。
　　⇨全国で取組まれている国際理解教育の実践事例がまとめられており，実践プログラムを開発する際の参考となる。

（森田真樹）

第10章 総合的な学習の時間と環境教育

この章で学ぶこと

　近年，地球温暖化やオゾン層の破壊，野生生物種の減少など地球規模の環境問題が顕在化し，世界共通の課題となっている。このような環境問題の根本的な解決は容易なことではないが，持続可能な社会の実現を目指して実践していくことのできる人間を育てる環境教育の役割は大きい。学校教育における環境教育は，理科や社会科などの教科で行われるほか，「総合的な学習の時間」において教科横断的に扱われることが多い。本章では，環境教育について理解するために，1．環境教育の歴史的展開，2．環境教育とESD，3．総合的な学習の時間における環境教育の実現，の3つの観点から概説する。

1　環境教育の歴史的展開

（1）日本における環境教育の源流：「自然保護教育」と「公害教育」

①　自然保護教育の流れ

　第二次世界大戦後，復興のための大規模な国土開発により，自然破壊が深刻化するなか，自然保護運動と同時に自然保護教育の必要性への意識が高まった。たとえば，1950（昭和25）年から起きた北海道・雌阿寒岳硫黄鉱山開発問題を契機に1951（昭和26）年には日本自然保護協会が設立された。日本自然保護協会は，1957（昭和32）年に「自然保護教育に関する陳情書」を，1960（昭和35）年には具体的に「高等学校教育課程の自然保護教育に関する陳情書」を当時の文部大臣に提出している。また，日本生物教育学会は，1970（昭和45）年に「自然保護教育に関する要望書」を文部大臣に提出し，自然保護教育の推進を

求めている。このように，戦後の自然破壊を背景として，自然保護思想が普及，啓発されることとなる。しかし，金田（1996）が述べるように，自然保護教育は価値観を伴うものであり，政府が開発を推し進めるなか，公的な学校教育の中でそれを行うことは困難であった。学習指導要領の総則などにおいて，自然保護の必要性があげられるようになったものの，学校教育の中に明確に位置づけられることはなかった。

その後，1980年代後半から，自然保護に関する教育が環境教育の一貫として学校に取り上げられるようになってきた。ビオトープづくりや生物多様性を守る活動など，自然保護等をテーマとした取り組みが，学校教育の中に広がっていった。

② 公害教育の流れ

わが国においては，1960年代から70年代にかけて，公害が大きな問題となった。公害とは，環境基本法（最終改正：平成26年5月30日法律第46号）の第1章総則第2条の3において，「環境の保全上の支障のうち，事業活動その他の人の活動に伴って生ずる相当範囲にわたる大気の汚染，水質の汚濁（水質以外の水の状態又は水底の底質が悪化することを含む。），土壌の汚染，騒音，振動，地盤の沈下（鉱物の掘採のための土地の掘削によるものを除く。）及び悪臭によって，人の健康又は生活環境（人の生活に密接な関係のある財産並びに人の生活に密接な関係のある動植物及びその生育環境を含む。）に係る被害が生ずること」と法的に定義されている。公害は，被害者と加害者が比較的明確であり，発生が特定可能であることが多い。四大公害といわれている熊本水俣病，四日市ぜんそく，新潟水俣病，イタイイタイ病などは，深刻な健康被害が発生し相次いで訴訟が起きている。

このような状況の中で，四日市における教師集団による公害教育の自主編成運動，その影響を受けた沼津・三島・清水の石油コンビナート反対運動における住民への学習会など，公害教育の実践が展開された。五十嵐（2012）が指摘するように，公害教育は地域の喫緊の問題（公害問題）に真摯に向き合った熱意ある教師たちと住民によって醸成された教育的活動だったといえるだろう。その一方で，公害発生のもととなった企業やそれを放置した行政への批判につ

ながり，公害教育は偏向的，イデオロギー的な教育との見方も広がった。

　こうした初期の公害教育を経て，1967（昭和42）年には「公害対策基本法」が制定された。そして，1968（昭和43）年7月告示の小学校学習指導要領，1969（昭和44）年4月告示の中学校学習指導要領，1970（昭和45）年10月告示の高等学校学習指導要領において，公害教育が学校教育の中に位置づけられるようになった。たとえば，小学校学習指導要領では，第2節社会の第5学年の内容（5）のアに「産業などによる各種の公害から国民の健康や生活環境を守ることがきわめてたいせつであることを具体的事例によって理解するとともに，地域開発と自然や文化財の保護に関連した問題なども取り上げ，これらの問題の計画的な解決が重要であることを考えること」（文部省，1968）と「公害」という言葉が明記され，学習内容として位置づけられていることが確認できる。また，こうした動向と関連して，1970年11月末に開かれた臨時国会，いわゆる「公害国会」において，公害問題に関する集中的な審議がなされたことや，1971年7月に「環境庁」（2001〔平成13〕年1月省庁再編により環境省）が設置されたことも注目に値する。

　その後，1980年代に入ると，地球温暖化やオゾン層の破壊など地球規模の環境問題が世界的に注目されるようになる。地球規模の環境問題は，先に述べた公害と異なり，被害者と加害者の境界が不明瞭であり，地球規模で発生していることが特徴である。また，日本においては，高度経済成長による大量消費・大量廃棄のライフスタイルが定着し，一般市民の日常生活によっても生じる都市生活型の環境問題が顕在化し，その解決が重視されるようになった。藤岡（2011）が指摘するように，解決のためには全市民の環境保全への姿勢が不可欠であることが認識され，そのための環境教育の必要性が注目されるようになった。このような公害問題から環境問題への注目のシフトとともに，公害教育が環境教育へと次第に置き換わっていったのである。

（2）環境教育に関する国際的な動向

　戦後，先進工業国では自然環境の汚染が進み，社会問題となっていった。そ

のような中で，1972年にスウェーデンで開催された国連人間環境会議（ストックホルム会議）では「人間環境宣言」を採択した。この中で，環境教育の必要性が示されたことは，その後の取り組みに大きな影響を与えた。1975年には，旧ユーゴスラビアのベオグラードにおいて環境教育国際ワークショップが開催され，環境教育の目的や目標を定めた「ベオグラード憲章」が作成された。ベオグラード憲章では，個人および社会集団が具体的に身に付け，実際に行動を起こすために必要な目標としての「認識，知識，態度，技能，評価能力，参加」の6項目を示している。その2年後の1977年には，旧ソ連のグルジア共和国の首都トビリシで環境教育政府間協議が行われ，トビリシ宣言と41項目から成るトビリシ勧告が提示された。トビリシ勧告ではベオグラード憲章の6項目を「認識，知識，態度，技能，参加」の5項目に整理している。ベオグラード憲章やトビリシ勧告は，その後の環境教育の国際的な規範として大きな影響を与えたが，当時は，経済活動が優先され，世界的に環境教育が進展したとは言えない状況であった（鈴木，2013）。

　1980年代になると，先述の通り，地球規模の環境問題が顕在化し，環境教育への関心が高まることになった。「開発」か「環境」かの二項対立の構図のなか，1980年には，「世界環境保全戦略」の中で「持続可能な開発」という考え方が登場した。そして，1984年に国連に設置された「環境と開発に関する世界委員会（ブルントライト委員会）」が1987年に公表した報告書「我ら共有の未来 (Our Common Future)」の中で「持続可能な開発」を「将来世代の自らのニーズを満たす能力を損なうことなく，現在世代のニーズを満たす開発」と定義した。また，1992年，ブラジルのリオデジャネイロで開かれた「国連環境開発会議（地球サミット）」では，持続可能な開発を促進するための具体的な行動計画「アジェンダ21」が策定された。これにより，「持続可能な開発」というキーワードは，環境教育に大きな影響を与えるものとなった。

　1997年，ギリシャのテサロニキで開催された「環境と社会に関する国際会議（テサロニキ会議）」では，「テサロニキ宣言」が採択された。その中で環境教育を「環境と持続可能性のための教育」と表現してもかわないと明記された。換

言すれば，環境教育が持続可能な社会の構築にとって不可欠なものであるということを示したのである。ただし，このテサロニキ宣言では，持続可能性という概念を環境だけではなく，貧困・人口・健康・食料の確保・民主主義・人権・平和をも包含するものと捉えている点は注目に値する。これにより，環境教育，開発教育，人権教育，平和教育，民主主義教育といった持続可能な社会の形成に関わるあらゆる教育課題が連携・融合したものとして，後述する「持続可能な開発のための教育（ESD）」が定式化したといえる（阿部，2012）。

2　環境教育の広がりと ESD

（1）日本における環境教育の広がりとねらい

　1989（平成元）年告示の小，中，高等学校学習指導要領では，理科や社会科などの各教科，道徳，特別活動の中で，環境に関する話題が取り入れられるようになった。とりわけ，小学校低学年への「生活科」の新設は特筆すべきことであろう。また，文部省（当時）は，学校における環境教育の推進に資することを目的として，1991（平成3）年に『環境教育指導資料（中学校・高等学校編）』を，1992（平成4）年に『環境教育指導資料（小学校編）』，1995（平成7）年に『環境教育指導資料（事例編）』を作成，発行した。これらは，当時の学校における環境教育の一般的な方針と捉えられているものであり，これを契機として，全国的に環境に関する学習やカリキュラムの開発が広がっていった。

　上述の1992年版『環境教育指導資料（小学校編）』では，環境教育の目的を「環境問題に関心をもち，環境に対する人間の責任と役割を理解し，環境保全に参加する態度及び環境問題解決のための能力を育成すること」（7頁）と定義している。この目的は，小澤（2007）が指摘するように1975年の「ベオグラード憲章」や1977年の「トビリシ勧告」の環境教育の目的や理念が踏まえられている。自然保護教育と公害教育のような日本におけるこれまでのプロセスを踏まえたものではなく（五十嵐，2012），国際的な動向の影響を受けたものであることがわかる。

その後の中央教育審議会第一次答申では，環境教育のあり方について次のように述べられている。

> 　子供たちが，豊かな自然や身近な地域社会の中での様々な体験活動を通して，自然に対する豊かな感受性や環境に対する関心等を培う「環境から学ぶ」ということ，環境や自然と人間とのかかわり，さらには，環境問題と社会経済システムの在り方や生活様式とのかかわりについて理解を深めるなど「環境について学ぶ」ということ，そして環境保全や環境の創造を具体的に実践する態度を身に付けるなど「環境のために学ぶ」という視点が重要である。
> 　　　　　　　　　　（中央教育審議会，1996，第5章　環境問題と教育より）

「環境から学ぶ」「環境について学ぶ」「環境のために学ぶ」という3つの方針が示されていることが確認できる。また，この3つの方針を受け，環境教育指導資料では，環境教育において育成する資質・能力を「環境に対する豊かな感受性」「環境に対する見方や考え方」「環境に働き掛ける実践力」の3点に整理している。この3点について，2014年版環境教育指導資料（幼稚園・小学校編）では，小学校における環境教育のねらいを以下のように示し，より具体的なものとしている。

> 〈小学校における環境教育のねらい〉
> ① 環境に対する豊かな感受性の育成
> 　自分自身を取り巻く全ての環境に関する事物・現象に対して，興味・関心をもち，意欲的に関わり，環境に対する豊かな感受性をもつことができる。
> ② 環境に関する見方や考え方の育成
> 　身近な環境や様々な自然，社会の事物・現象の中から自ら問題を見付けて解決していく問題解決の能力と，その過程を通して獲得することができる知識や技能を身に付けることによって，環境に関する見方や考え方を育むようにする。
> ③ 環境に働き掛ける実践力の育成
> 　持続可能な社会の構築に向けて，自ら責任ある行動を取り，協力して問題を解決していく実践力を培うようにする。
> 　　　　　　　　　（国立教育政策研究所教育課程研究センター，2014，33頁）

図 10-1 ESD の基本的な考え方
出典:国立教育政策研究所教育課程研究センター, 2014, 5頁。

(2) ESD の展開と環境教育

2002年には,南アフリカのヨハネスブルグで,「持続可能な開発に関する世界首脳会議」が開催された。そこでは,「持続可能な開発のための教育の10年(いわゆる, DESD)」(2005-2014)を日本が提案し,その年の国連総会で満場一致で採択された。「国連持続可能な開発のための教育の10年」関係省庁連絡会議(2006)の国内実施計画によると,持続可能な開発のための教育(以下,ESD)とは,「個々人が,単にこれらについての知識を網羅的に得ることだけではなく,『地球的視野で考え,様々な課題を自らの問題として捉え,身近なところから取り組み(think globally, act locally),持続可能な社会づくりの担い手となる』よう個々人を育成し,意識と行動を変革する」(6頁)ための教育である。先に述べたように,ESD は様々な教育課題が連携融合した幅広い概念であるが,"Think globally, act locally",「持続可能な社会づくり」と関連する諸問題に焦点を当てる環境教育は,ESD の中核であるといえるだろう。2014年版環境教育指導資料においても,ESD の基本的な考え方を図10-1のように示し,「環境学習」「エネルギー学習」「生物多様性」など環境教育に関わる学習が位置づけられていることが確認できる。

さらに，国内では2003年に「環境の保全のための意欲の増進及び環境教育の推進に関する法律（略称：環境教育推進法）」が成立。2011年に改正が行われ，「環境教育等による環境保全の取組の促進に関する法律」と名称が改められた。この改正法によって，「持続可能な社会」を構築する上で，環境教育が重要であることが明確になり，ESDへの動きが加速した。また，この法律では，学校，NPO，行政，企業などの協働的な取り組みや体験活動も重視されるようになった。このことは，総合的な学習の時間における環境教育を実践する視点として，参考にしたい。

　2014年には，「ESDに関するユネスコ世界会議」が日本で行われ，「国連持続可能な開発のための教育の10年」の活動を振り返るとともに，2015年以降のESDの推進について議論された。そして，国連持続可能な開発のための教育の10年の後継プログラムである「グローバル・アクション・プログラム（GAP）」が承認され，2014年の国連総会でGAPが採択された。GAPでは，持続可能な開発の進展を加速するために，教育・学習のすべての段階・分野で行動を起こし拡大することを目標としている。国内ではこれを受けて，わが国における「持続可能な開発のための教育（ESD）に関するグローバル・アクション・プログラム」実施計画を策定し，優先行動分野として，以下の5つを取り上げ，ESDの取り組みが推進されている。

① 政策的支援（ESDに対する政策的支援）
② 機関包括型アプローチ（ESDへの包括的取組）
③ 教育者（ESDを実践する教育者の育成）
④ ユース（ESDを通じて持続可能な開発のための変革を進める若者の参加の支援）
⑤ 地域コミュニティ（ESDを通じた持続可能な地域づくりの促進）

　また，2015年には，米国・ニューヨークで行われた国連サミットにおいて「持続可能な開発目標（SDGs）」が採択された。経済，社会，環境という持続可能な開発の3つの側面に総合的に対応するために2016年から2030年を期限とする17の目標と169のターゲットを設定した。SDGsのうち，目標4は教育に

関わるものであり，ターゲット4.7ではESDが明確に位置づけられている。

このような近年の動向にも着目し，GAPやSDGsの具体的な目標やターゲットに基づいて，子どもたちが社会や世界とつながりがもてるESDを踏まえた環境教育の実践が求められる。

3 総合的な学習の時間における環境教育の実現

(1) 総合的な学習の時間と環境教育との関連性

1998（平成10）年告示の学習指導要領では，新たに総合的な学習の時間が教育課程の中に加わった。その後，2003（平成15）年の一部改正，2008（平成20）年の改訂を経て，2011（平成23）年の完全実施となっている。藤岡（2011）が述べるように，総合的な学習の時間は，「環境教育」の実践の時間として大いに期待された。というのも，総合的な学習の時間は，教科等を超えた横断的・総合的な学習であり，学習課題例に，国際理解，情報，福祉・健康などとともに，「環境」があげられたためである。

また，「国連持続可能な開発のための教育の10年」関係省庁連絡会議（2006）の国内実施計画では，「3．ESD 実施の指針（3）教育の内容」の中で，環境教育が各教科や総合的な学習の時間において取り扱われていることが示されている。そして，「幼稚園及び小中高等学校においては，各教科や総合的な学習の時間等学校教育活動全体を通じて，ESDに関して学習することが重要になります。…（中略）…特に総合的な学習の時間では，各教科等で学んだことをいかして，自ら調べたり，考えをまとめ発表したりするなど，ESDに関する学習を一層深めることが可能です」（10頁）と記され，総合的な学習の時間で重視されている探究的な学習がESDの深化にとって重要であることがわかる。

2007年版の「環境教育指導資料」では，先にあげた「環境に対する豊かな感受性」「環境に対する見方や考え方」「環境に働き掛ける実践力」という環境教育のねらいが2003年12月改正の小学校学習指導要領「総則」の中で述べられて

いる総合的な学習の時間のねらいと共通点が多く，深く関係していることが指摘されている（国立教育政策研究所教育課程研究センター，2007）。つまり，環境教育において育てたい力と総合的な学習の時間で育てたい力には類似性があると捉えられているのである。

したがって，ESD を踏まえた環境教育を具体的に実践するためには，総合的な学習の時間が中核になるといえるだろう。

（2）環境教育を実践するために押さえるべきこと
① 総合的な学習の時間における「知識及び技能」と環境教育の実践

2017（平成29）年告示の学習指導要領では，各教科・領域の目標に育成すべき資質・能力として，「知識及び技能」「思考力，判断力，表現力等」「学びに向かう力，人間性等」の3つの柱を位置づけている。このうち総合的な学習の時間における「知識及び技能」は，2008（平成20）年版と異なり，新しく設定されたものである。総合的な学習の時間における「知識及び技能」は，「探究的な学習の過程において，課題の解決に必要な知識及び技能を身に付け，課題に関わる概念を形成し，探究的な学習のよさを理解するようにする」（文部科学省，2017，8頁）と目標に記載されているように，課題に関わる「概念」として捉えるべきものである。田村（2017）も指摘するように，その際，参考となるが，国立教育政策研究所教育課程研究センター（2012）が示した「持続可能な社会づくりの6つの構成概念＝多様性・相互性・有限性・公平性・連携性・責任性」である。たとえば，環境に関わる学習において地域のごみの問題を扱うとき，「ごみの分別の仕方」を覚えるという個別的な知識を目指すのではなく，最終処分場の見学や行政の取り組みなどについて調べる活動を通して，資源の「有限性」や，責任をもってごみの減量や分別に取り組もうとする「責任性」の概念を子どもたち自身で形成できるようにするのである。探究的な学習を通して，知識及び技能としてどういう概念を想定し，形成してほしいかを，教師が具体的にイメージして，環境教育を実践することが大切である。

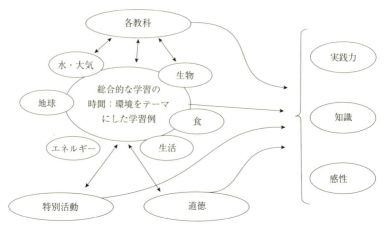

**図 10 - 2　総合的な学習の時間を軸にした環境学習のテーマと各教科，
　　　　　道徳，特別活動との相互関係**
出典：樋口，2012，180頁。

② 各教科・領域との関連

　総合的な学習の時間は，各教科・領域での学びと関連づけ，環境等に関する知識を統合する場として有効である。たとえば，身近な河川をテーマとした時，理科で学習する「流水の働き」や社会科で学習する「下水の処理に関わる対策や事業」などと関連させ，環境に関わる知識を統合するのである。樋口（2012）は，総合的な学習の時間を軸にした環境学習のテーマと各教科，道徳，特別活動との相互関係を図10-2のように示している。総合的な学習の時間における探究的な学習と各教科・領域の学びは相互に影響し合い，それが，感性，知識，実践力を位置づけた環境教育のねらいにつながることを指摘している。

　このように，教科等の枠を超えた横断的・総合的な学習を充実させるためには，各教科等の目標を踏まえ，総合的な学習の時間で扱う環境教育との関連を明示しておく必要がある。そのための取り組み例として「ESD カレンダー」の活用がある。図10-3は，環境教育ネクストステップ研究会の Web サイトに掲載されている，四日市版 ESD カレンダーの一部を抜粋したものである。図10-3の通り，ESD カレンダーには，ESD で活用できる各教科等の学習内

容がまとめられている。これを作成し活用することによって，各教科等の内容と関連づけた指導がしやすくなると考えられる。

③　環境教育における探究課題

　総合的な学習の時間では，先述の通り，探究的な学習プロセスを重視している。とりわけ，主体的・対話的で深い学びを実現するためには，探究的な学習の要となる探究課題をいかに設定するかが鍵となる。探究課題とは，子どもが自ら設定する課題のことではなく，指導計画の作成段階で学校が内容として定めるものである（文部科学省，2017）。

　探究課題を設定するためには，地域の現実に即したものであるかどうか，子どもの興味や関心と合致するかどうか，どのような人や機関が関わっているのか，子どもが参画する余地があるかどうか，などを押さえておくとよいだろう。また，2014（平成26）年版環境教育指導資料には，持続可能な社会の構築を考えるために，「資源の循環」「自然や生命の尊重」「生態系の保全」など，環境を捉える視点が示されている（国立教育政策研究所教育課程研究センター，2014，35頁）。この視点も踏まえて，たとえば，子どもに馴染みのある地域の〇〇川に起きている環境問題を，「生態系の保存」という視点で捉えて探究課題を設定する。すると，授業では専門家を招いて水生生物の調査をしたり，調査の結果から〇〇川の問題と向き合ったりすることになる。また，問題を解決するために必要な情報を収集し，友だちや地域の方と〇〇川の生態系を守るために何ができるかを考え，行動することも可能となる。このような探究課題の設定によって，総合的な学習の時間の目標にある「よりよく課題を解決し，自己の生き方を考えていくための資質・能力」の育成につながる学習が期待できる。

（3）実践上の課題

① 環境教育についての理解を図る教員養成・研修機会の充実

　藤岡（2011）が指摘するように，環境教育を推進していくためには，教師に「インストラクター」的な役割だけでなく，「コーディネーター」的な役割が求められている。しかし，そのような人材を育成するような研修体制が整ってい

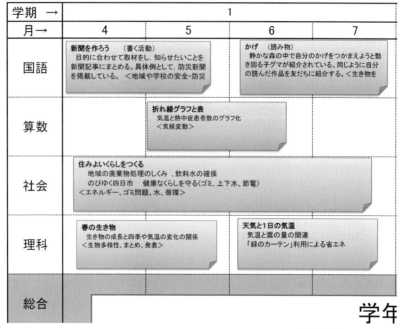

図 10-3　ESD カレン

出典：http://ee-nextstep.com/data/02_2esdcalender_primary456.pdf より。

るとは言い難い。たとえば，大学の教職課程における環境教育のカリキュラムや教育センター等の講座が十分用意されているとはいえない状況にある。先に示したように，国内外の動向や新学習指導要領における総合的な学習の時間と環境教育の関連等を理解するための教員養成や研修機会の充実が求められる。

② 外部との連携を推進する組織の構築

　総合的な学習の時間において，ESD を踏まえた環境教育を充実させるためには，地域，自治体，NPO，企業等と協働し，地域づくりに学校が参加する視点も大切である。学校外の人や関係機関と連携するためには，教育委員会事務局や学校内に，窓口となる担当者を位置づけ，積極的にコーディネートすることが必要である。教員一個人ではなく，組織として取り組む体制を整えたい。

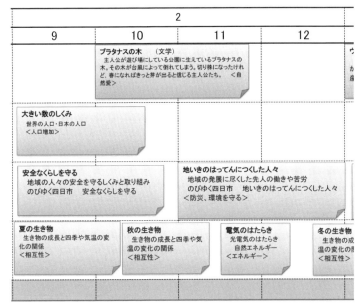

また，人材データベースを構築しておくことで，探究課題に応じた連携先を容易に見つけることができるだろう。

引用文献

阿部治「序章 なぜ環境教育を学ぶのか」日本環境教育学会編『環境教育』教育出版，1-10頁。
五十嵐有美子（2012）「日本における環境教育推進のための必要条件――ESDの展開のなかで」京都精華大学紀要，第40号，35-52頁。
金田平（1996）「自然保護教育」佐島群巳ら編『環境教育指導事典』国土社，16-17頁。
国立教育政策研究所教育課程研究センター（2007）『環境教育指導資料【小学校編】』東洋館出版社。
国立教育政策研究所教育課程研究センター（2012）『学校における持続可能な発展の

ための教育（ESD）に関する研究　〔最終報告書〕』
国立教育政策研究所教育課程研究センター（2014）『環境教育指導資料【幼稚園・小学校編】』東洋館出版社．
「国連持続可能な開発のための教育の10年」関係省庁連絡会議（2006）『我が国における「国連持続可能な開発のための教育の10年」実施計画（ESD 実施計画）』Retrieved from http://www.cas.go.jp/jp/seisaku/kokuren/keikaku.pdf
小澤紀美子（2007）「環境教育指導資料の重層的な継承」日本環境教育学会『環境教育』17（2），19-25頁．
鈴木善次（2013）「世界が求めた環境教育」水山光春編『よくわかる環境教育』ミネルヴァ書房，2-3頁．
田村学（2017）「これからの総合的な学習の時間を考える」黒上晴夫編『平成29年版小学校新学習指導要領ポイント総整理』東洋館出版，1-10頁．
中央教育審議会（1996）『21世紀を展望した我が国の教育の在り方について（第一次答申）』Retrieved from http://www.mext.go.jp/b_menu /shingi/ old_chukyo/old_chukyo_index/toushin/attach/1309619.htm
樋口利彦（2012）「14章　学校における環境教育の計画・プログラムづくりに向けた視点」日本環境教育学会編『環境教育』教育出版，174-184頁．
藤岡達也編（2011）『環境教育と総合的な学習の時間』協同出版．
文部科学省（2017）『小学校学習指導要領　解説総合的な学習の時間編』
　Retrieved from http://www.mext.go.jp/component/a_menu/education/mic ro_detail/__icsFiles/afieldfile/2017/07/25/1387017_14_1.pdf
文部省（1968）『小学校学習指導要領』Retrieved from https://www.nier. go.jp/guideline/s43e/chap2-2.htm
文部省（1992）『環境教育指導資料（小学校編）』，大蔵省印刷局．

学習の課題

(1) 日本および世界の環境教育について，戦後から現在までの歴史的展開を年表にまとめて整理してみよう．
(2) 2014年版環境教育指導資料【幼稚園・小学校編】に掲載されている実践事例について，ESDや環境を捉える視点からその特徴を考えてみよう．
(3) 総合的な学習の時間での実践を想定して，自分の住んでいる地域の中から環境教育として設定できる探究課題を考えてみよう．

【さらに学びたい人のための図書】
国立教育政策研究所教育課程研究センター（2014）『環境教育指導資料【幼稚園・小

学校編)』東洋館出版社。
　⇨環境教育の実践者ならば，必ず持つべき一冊。理念だけでなく，各教科や総合的な学習の時間における環境教育の実践事例が豊富に紹介されている。
藤岡達也編（2011）『環境教育と総合的な学習の時間』協同出版。
　⇨環境教育と総合的な学習の時間の関連が理論的かつ実践的にわかる書籍。実践事例も多く掲載されている。
水山光春編（2013）『よくわかる環境教育』ミネルヴァ書房。
　⇨環境教育の入門書。関連する領域や実践が体系的にまとめられているので初学者におすすめの一冊である。

(小川博士)

第11章 総合的な学習の時間とシティズンシップ教育

この章で学ぶこと

この章では、まず1990年代以降にシティズンシップ教育が注目されるようになった背景として、社会の多様化・流動化や学校教育で育成すべき力の変容に注目する。次に、シティズンシップとは何かについて、近年の定義ではどのように考えられているのかについて検討する。さらに、そのようなシティズンシップを育成する教育の具体例として、ユネスコと欧州評議会のシティズンシップ教育の取り組みをみていく。シティズンシップ教育の目標を整理した上で、欧州評議会で開発された教師向けの資料から、実際の教育内容や方法の事例を検討する。最後に、総合的な学習の時間について、シティズンシップ教育との接点、および実践上の課題について考察する。

1 シティズンシップ教育と社会的背景

(1) シティズンシップ教育の定義

2015 (平成27) 年6月に成立した改正公職選挙法によって、選挙権年齢が20歳以上から18歳以上に引き下げられた。その準備のための教育として高等学校の公民科の中に、新科目「公共」が設置される。中央教育審議会答申「幼稚園、小学校、中学校、高等学校及び特別支援学校の学習指導要領等の改善及び必要な方策等について」(2016年) では、改訂学習指導要領の新科目「公共」の目標として、「現代社会の諸課題を捉え考察し、選択・判断するための手掛かりとなる概念や理論を、古今東西の知的蓄積を踏まえて習得するとともに、それらを活用して自立した主体として、他者と協働しつつ国家・社会の形成に参画し、持続可能な社会づくりに向けて必要な力を育む」ことをあげている。

「公共」の目標にみられるような，社会の構成員をその社会の一員にするとともに，その社会の形成者として育成する「構成員教育」は，これまでも学校教育が取り組んできたものである。しかし，1990年代以降，社会の変化の中で，このような構成員教育を，「シティズンシップ教育」という形で，再編・再構造化しようとする動きがあり，日本だけでなく，世界的に注目されている（池野，2014，138-139頁）。ここでは，シティズンシップ教育を次のように定義しておく。

> シティズンシップ教育は教育的概念として，学校やコミュニティにおいて民主主義社会の構成員に一人ひとりの子どもたち（や成人たち）を置き，自らの経験において構成員として必要な資質を自ら形成させる教育であり，批判的な視野を持って市民社会とその発展への寄与・貢献を積極的に進め，自らのアイデンティティを複合化することを目的にするものである。　（池野，2014，138-139頁）

以下では，まずシティズンシップ教育が注目される社会的背景をまとめ，第2節でシティズンシップの定義について整理する。その際，時代の変化の中でとくに強調されているシティズンシップの構成要素について着目する。

（2）シティズンシップ教育が注目される社会的背景

シティズンシップ教育が注目される社会的背景と，そこから導かれる教育課題として，大きく3つをあげることができる。

第一に，社会の多文化化・多民族化である。グローバル化に伴って，国家を越えて移動する人々が増えている。仕事，留学，国際結婚などの理由により，出身国を離れて別の国で居住するようになっているのである。その結果，1つの国家の中に，多様な文化や価値観をもった人々が暮らすようになっている。そのような社会では，異なる文化や価値観を互いに尊重し，対立がある場合には調整し合い，解決しながら，共に暮らしていくための姿勢が必要となってくる。日本の学校でも，外国にルーツをもつ児童生徒が増えている。同じ学校・学級にある多様な価値観を尊重しつつ，学校生活を送るための価値や態度を育

成し，それを社会でも活かせるようにする教育が求められている。

　第二に，社会と個人との関わりの変化である。これまで日本では，学校を卒業して就職することが，社会と関わり一人前の大人となることと同じであると考えられてきた。しかし近年，この職業的自立だけでなく，民主主義社会の一員として政治的に社会と関わること，つまり政治的な自立も重要であると考えられるようになっている（小玉，2016，68-69頁）。欧州では，従来より国家・社会への参加によって大人になるとみなされてきたが，近年は，国家から提供される福祉を受け取るだけでなく，市民として社会の意思決定に参画していくことの重要性が認識されている。上述の公民科新科目「公共」においても，主権者として政治に参加するための能力の育成が目指されている。

　第三に，学校教育で育成が求められる力の変化である。産業構造の変化や社会的課題の複雑化により，学校教育では基礎的な知識・技能の育成だけではなく，それらを用いて新しい知識を生み出したり，現実社会の複雑な課題の解決に他者と共に取り組むための力の育成が求められている。民主主義社会の原理を学び，課題を解決することを通して，その社会の形成者として必要な力を養おうとするシティズンシップ教育は，学校教育で育成が求められる新しい能力の育成に深く関連している。

2　シティズンシップとは何か

　ここまでシティズンシップ教育の定義と，それが注目された背景について述べてきたが，そもそもシティズンシップという言葉には，どのような意味があるのだろうか。リーダーズ英和辞典では，「市民権，公民権，公民の身分（資格），共同社会の一員であること，市民性，市民としての心得」と書いてある。シティズンシップには，市民としての権利や身分に関わる要素，共同社会の一員としての意識に関わる要素，市民性という市民として持つべき素養に関わる要素が含まれている。ここでは，オスラーとスターキーの定義を紹介する。オスラーら（2009，10-19頁）は，シティズンシップには，「地位」「感覚」「実践」

という相互に関連する3つの要素があると述べている。

(1)「地位」としてのシティズンシップ

「地位」としてのシティズンシップは，法的に規定される市民の範囲やそれに伴う市民の権利や義務に関連する。一般的にイメージしやすいのは，ある市民が，国家の一員として保持する国籍と，それに伴う国民としての権利や義務である。市民の権利の発展を歴史的に研究したイギリスの政治学者のマーシャル（1993, 15頁）は，18世紀に「市民的権利」（良心，言論，身体の自由など），19世紀に参政権に関わる「政治的権利」，20世紀に福祉や教育に関する「社会的権利」が発展したと述べている。

ここで注目されるのは，国民としての権利と市民権はかならずしも一致しないということである。国境を越えて移動する人々が増えているが，居住地での国籍がない場合，そのような人々は，権利がまったく保障されないかというとそうではない。たとえば，居住地の国籍をもたない子どもたちであっても，国際人権条約によって教育を受ける権利が保障されるということからわかるように，人々は国際的に保障される地位を有している。また欧州では，1993年発効のマーストリヒト条約により，EU域内労働者の自由な移動やEU議会の投票権などを含む欧州市民権が実現されている。このように市民としての地位は，一国家の国民としての地位と権利・義務よりも広い，リージョナルやグローバルなレベルにも広がる多層的なものとなっている（ヒーター，2002）。

(2) 感覚としてのシティズンシップ

「感覚」としてのシティズンシップとは，市民の共同体への帰属の感覚である。自分がその社会の一員であると感じることは，その社会への責任をもち，社会の形成に積極的に参加しようとする基礎となる感覚である。

ある人がその社会への帰属を感じるのは，どのような時だろうか。権利が形式的に保障されていれば，社会に帰属意識を感じるのだろうか。オスラーら（2009, 13-17頁）は，それは形式的な法律上の平等だけで達成されるものでは

なく，その権利を実質的に保障する社会構造があること，およびその理念を支える文化が人々の間で共有されていることが必要であると述べる。

　まず，社会制度の面について，制度上規定されている権利であっても，実際には行使できない場合には，自分は排除されているように感じると考えられる。たとえば，貧富の差にかかわらず，教育を受ける権利があると憲法や法律で定められていても，実際には，経済的要因によって進学をあきらめざるをえなくなれば，自分は他の社会のメンバーと平等に扱われているとは感じにくいと思われる。

　他方で，仮に権利が十分保障される制度であったとしても，社会の中で，自分らしさ，言い換えると自己のアイデンティティが周辺から受け入れられていなければ，社会の一員としての帰属感覚をもつことは難しい。ある人のアイデンティティは，もちろん特定の国の一員であるというものもあるが，多文化化・多民族化した社会において，人々は，異なる文化，言語，宗教などに基づく複数のアイデンティティをもつことがある。たとえば，インドシナ難民として日本で暮らす方が，日本国籍をもち，日本で働き，キリスト教徒であり，ベトナム語を話し，女性であるといった複数のアイデンティティをもつといったようなことがある。アイデンティティは，確かに自分で決める部分もあるが，周りの人がそれを受け容れるかどうかが重要である。社会の主流派から差別や偏見を受けた場合，その社会への帰属意識は涵養されにくいと思われる。

　このように，法的な平等だけでなく，社会において実質的に平等に扱われることにより，社会への帰属意識が育成されると考えられる。

（3）実践としてのシティズンシップ

　三つ目は「実践」としてのシティズンシップである。市民は，社会に自由に参加し，政治的・社会的・文化的・経済的な目的で他者と連帯し，社会を形成していく存在として捉える見方である。これは，国家から付与される権利に付随する限定的な義務としての投票や納税にとどまらず，より積極的な社会への参加を求めるものである。後で紹介するように欧州評議会（Council of Europe）では，社会の問題解決に積極的に参画する「活動的市民（アクティブ・シティズン）」という言葉で，「実践」としてのシティズンシップが表現されている。ここには，すでに市民として有している権利を行使することにとどまらず，権利が対立した場合に，対立を解決していくことができる力が含まれる。さらには，権利が実質的に平等に保障されていない場合には，社会の構造的な不平等を他者との連帯によって変革しようと行動することも含まれる。

　以上の定義が示すように，シティズンシップの概念は，国籍とそれに伴う権利・義務よりも広く，人権としての権利，共同体への帰属感覚，社会への参加といった面も含めた概念へと変化してきている。

3　シティズンシップ教育をプログラム化する指針

　このようなシティズンシップを育成する教育は，どのように具体化されているのだろうか。ここでは，ユネスコと欧州評議会で提唱されている，シティズンシップ教育の枠組みを紹介する。

(1) ユネスコのシティズンシップ教育導入の背景と目標

　ユネスコは，1995年に「平和・人権・民主主義教育に関する総合的行動要綱」を承認した。そこでは，グローバル化の急速な進展の中で，国家内部や地域社会における価値が多元化していることを前提とし，そこに生きる市民を育てる教育の必要性を強調した。1998年には『21世紀のシティズンシップ教育』を提起し，経済や社会問題のグローバル化が進展する中で，シティズンシップをナショナルな文脈に限定せず，人権を基盤とした「国際的，さらに世界規模でのシティズンシップ教育を推進しなければならない」ことが指摘された（嶺井，2011，41頁）。2012年には，国際連合の事務総長が「グローバル教育第一イニシアティブ」を提唱し，重要項目の一つに「地球市民」意識の醸成をあげた。それを受けて，ユネスコでは「地球市民教育」（GCED：Global Citizenship Education）に取り組んでいる。表11－1では，ユネスコの地球市民教育で育成が目

表 11-1 ユネスコ 地球市民教育の目標

学習領域	認知的次元	社会・情緒的次元	行動的次元
学習者の性質と学習成果	見識が広く，ものごとを批判的に読み解く ・ローカル，ナショナル，グローバルな課題についての知識・理解を得る ・異なる国家や人々の相互関連性，相互依存関係に関する知識・理解を得る ・批判的思考や分析に関する技能をみにつける	社会的なつながりをもち，多様性を尊重する ・人権に基づいて共有される価値や責任，そのような共通の人類への帰属感覚を経験する ・共感，連帯，差異や多様性の尊重の態度を発達させる	倫理的な責任感をもち，社会に積極的に参画する ・ローカル，ナショナル，グローバルレベルにおいて，より平和で持続可能な世界のために，効果的に，かつ責任をもって行動する ・必要な行動を起こすための動機や意志を発達させる

出典：UNESCO (2015) Global Citizenship Education : Topics and learning objectives, p. 29. をもとに筆者作成。

指される学習者の資質・能力を示す。

目標は，「認知的次元」「社会・情緒的次元」「行動的次元」に分けて設定されている。それぞれの特徴をみていく。「認知的次元」では，「見識が広く，ものごとを批判的に読み解く」市民像が想定されており，社会的な課題を，ローカル，ナショナル，グローバルな地理的次元の広がりと，それらの相互依存関係の視点から捉えることが目指されている。加えて，それらの社会的課題を批判的思考に分析・探究するための技能・態度の獲得も重視されている。内容の例として，経済のグローバル化に関わる雇用や移民，政治に関わる意思決定，人権の保障を求める亡命者，児童労働，女性の権利の問題，市民社会や企業の役割など，があげられている。

「社会・情緒的次元」では，「社会的なつながりをもち，多様性を尊重する」市民像が想定される。人権など人類が共有する価値や責任感をもつことで，多様な価値や文化をもつ人々を尊重するとともに，人類としてのつながりや帰属の感覚を得ることが目指される。取りあげる内容例として，コミュニティや国家とマイノリティ，文化，宗教，価値，言語などの多様性，寛容性やケア，対話や交渉，人種差別の問題などがあげられている。

「行動的次元」では、「倫理的な責任感をもち、社会に積極的に参画する」市民像が想定される。異なる地理的レベルにおける社会的課題の解決のために必要な技能や態度をもち、行動に移すことができることが目指される。内容例として、消費行動、倫理的責任、人道的行動、社会的起業などがあげられている。

(2) 欧州評議会のシティズンシップ教育

欧州評議会は、第二次世界大戦後の1949年に、人権と民主主義と法の支配という共有価値の実現を目指して、フランスのストラスブールに設立された機関である。加盟国は EU 加盟国を含む47カ国であり、各国の外相からなる閣僚委員会が意思決定機関として機能している。1997年より始まった「民主的シティズンシップ教育と人権教育（EDC/HRE）」への取り組みの背景には、第1節で紹介した社会的背景に加えて、ベルリンの壁の崩壊や冷戦終結により統合が進む中において、中・東欧諸国の民主化の推進や、加盟国の若者の政治的無関心への危機感があった（中山, 2010, 22頁）。

欧州評議会のシティズンシップ教育の究極目標は、民主主義と人権の文化を促進する「活動的市民」を育成することである。具体的には、欧州評議会の共有理念である「人権、自由、差異の平等、法の支配」に基づき、「共同体、国家、より広い世界の生活に貢献する意思を持ち、積極的に個人の主張をし、問題解決に参画する市民の育成」である（Gollob et.al, 2010b, 23-24頁）。民主主義と人権の文化が強調されている背景には、民主主義や人権に基づく社会の実現は、法や制度の整備だけでは不十分であり、それを維持・発展させようとする人々の意識（文化的側面）が必要であるという考え方がある。

2016年に欧州評議会は、民主的文化に効果的に参加し、文化的に多様な民主主義社会において平等に共生するために必要なコンピテンシーとして、「民主的文化のためのコンピテンシー」（表11-2）を提示し、その内容を詳しく解説している。

欧州評議会のコンピテンシーは、「価値」「態度」「技能」「知識と批判的思考」4つの領域からなっている。人権や民主主義といった価値を重視し、差異

表11-2 「民主的文化のためのコンピテンシー」

価値
・人間の尊厳と人権に価値をおく
・文化的多様性に価値をおく
・民主主義，正義，公平，平等，法の支配に価値をおく
態度
・文化的他者性，および自分と異なる信仰，世界の見方，実践に対する開かれた態度
・尊重　・責任　・公共的ことがらへの関心　・自己効力感
・あいまいさへの寛容さ
技能
・自律的に学習する　・分析的・批判的に思考する
・聴く，観察する　・共感する・柔軟性と適応性　・協働する
・対立解決・言語的，コミュニケーション技能，複言語の技能
知識と批判的思考
・自己についての知識とその批判的理解
・言語やコミュニケーションに関する知識とその批判的理解
・世界に対する知識とその批判的理解（政治，法律，人権，文化，複数の文化，宗教，歴史，メディア，経済，環境，持続可能性）

出典：Council of Europe (2016) Competences for democratic culture., 11頁をもとに筆者作成。

への開かれた態度や文化的多様性への寛容な態度をもつこと，自己・他者とのコミュニケーション・世界の事象に関する批判的な理解をもとにした知識に支えられ，批判的に思考したり，協力的に対立解決を行う技能を形成することが目指されている。

4 シティズンシップ教育の方法

　欧州評議会のシティズンシップ教育では，一つの教科の内容や方法を通して目標を達成するだけではなく，多様な形態での取り組みが提案されている。それらは，教科間の連携，学級経営，生徒会活動などの課外活動，生徒の意見や声が聞かれる雰囲気であるかどうかという隠れたカリキュラム，学校と地域の連携など，である（中山，2010，24頁）。

　ここでは，学校全体の取り組みではなく，教科または教科間の連携の中で，シティズンシップ教育を実施していく際の内容と方法についての具体例をみて

第11章　総合的な学習の時間とシティズンシップ教育

表11-3　『民主主義に参加する』の全体構成

	単元名（中心概念）	取り上げる事例
1	アイデンティティ：選択を行う	仕事，パートナー，子どもという人生の重要な選択
2	責任：役割と責任を負う	友人と校則，輸入商品に関する消費行動など
3	多様性と多元性：不一致の中の合意？	個々の利益を代表する政党の交渉と公共の利益
4	対立：漁業における対立	漁村における漁業資源分配
5	ルールと法：どれが最善のルールか	漁村における漁業資源分配
6	政府と政治：政策のサイクルモデル	生徒が選択した政治課題
7	平等：多数派の支配は公平なルールか	スポーツクラブにおける予算の使用方法
8	自由：公共の場での討論	生徒が選択した討論の課題
9	メディア：メディアを通した民主主義への参加	生徒が作成する新聞記事

出典：『民主主義に参加する』をもとに筆者作成。

いく。シティズンシップ教育を行う際，教師が必要に応じて参照できるように欧州評議会で開発された教授用資料『民主主義に参加する（*Taking Part in Democracy*）』（第10～12学年対象）（Gollob et.al, 2010a）を参照する。その際，認知的側面，価値・態度の側面，技能や行動の側面という次の3つの観点から述べていく。

（1）現代社会の課題と向き合う中で重要概念について学ぶ

まず，民主主義と人権の基本的な知識を学ぶ認知的側面である。資料は表11-3のような単元から成っている。各単元のテーマになっているのは，「自由」「責任」「平等」など民主主義や人権に関わる重要な概念である。そして，それらの概念を考えるための教材として用意されているのが概念を具体化した社会的な問題である。たとえば単元4，5では，「対立」と「ルールと法」という概念の理解が目指されており，そのための教材として「漁村における限られた漁業資源をどのように公平に分配するのか」という問題が取り上げられている。生徒たちは，この問題について向き合い，議論する中で，対立を解決す

るためのルールや法とはどのようなものかについて，自分なりの考え方を形成する。ここでの概念理解は，学習者が構成するものであると考えられている。なお，この問題は，漁村というローカルレベルの問題ではあるが，限られた資源の公平な分配という意味では，地球温暖化問題，核廃棄物処分問題，地下水の過剰使用といったグローバルレベルの問題にも共通する構造をもっている。

（2）問題解決的な議論のプロセス自体を重視する

　次に，重要な概念の知識・技能を，どのように使うのかに関わる価値や態度についての学習である。価値・態度は，知識として教えるだけでは不十分であり，学習の中で学習者が実際に体験し，感じ取ることで学んでいくことが重要であるとされている。そのため，学習過程自体の中に，民主主義と人権の価値や態度を学べる経験を埋め込んで設計されている。たとえば，対立解決を学ぶ過程では，対立解決の技能と同時に，異なる意見をもつ他者を尊重する，合意できる部分を見出しながら協力して共有価値を見出していくといった価値や態度を経験を通して学ばせようとしている。このように，シティズンシップ教育の学習過程自体が，人権や民主主義の価値や態度を経験するようなものとなっている。

（3）民主主義社会への参加を学ぶ

　三つ目に，民主主義や人権の知識・技能を活用して，活動的な市民としての役割を実践することに関わる側面である。公共の場で相手と交渉する，対立する議論の構造を分析し批判的に思考したり，自他の利益のバランスを取る，情報の収集・分析，自己の主張の形成・発信，学習の振り返りを行うなどが含まれる。表11-3の単元2「責任」では，生徒が日常的な場面でのジレンマの解決策を議論する内容が含まれている。たとえば，「学校の歴史のテストで友人から答えを教えてほしいと頼まれたが教えるか」「学校のごみ箱があふれている。自分のごみではないが拾うか」「スーパーで安いバナナと適正な価格で輸入された割高のバナナのどちらを買うか」といった身近な問題から，「個人の

自由を尊重しつつ，社会を安定させるためには，一定のルールが必要か」という社会的な問題がある。この課題では，生徒が，① ジレンマ状況を多角的に分析する，② 自分の選択がもたらす結果について予測する，③ 自分が選択する際に優先する判断基準（道徳的，合法的，効率的など）を検討する，④ 実際に選択を行い振り返る，という形で知識や技能を活用し，分析や考察を行うような内容となっている。最終的には，他者への影響を考えて行動する「責任」とは何かについて自分なりに考えを深める活動が提案されている。

5　総合的な学習の時間の実践の課題

（1）総合的な学習の時間とシティズンシップ教育の関連

　ここまで，シティズンシップ教育の目標と具体的な内容や方法について述べてきた。このようなシティズンシップ教育は，総合的な学習の時間と次の3点で関連性が強いといえる。

　まず，容易には解決に至らない日常生活や現代社会の課題を内容として扱う点である。総合的な学習の時間では，国際理解，情報，環境，福祉・健康などの横断的・総合的な課題が，学習内容として例示されている（文部科学省，2008年）。これらの課題では，多くの場合，異なる価値観や利益の対立が含まれている。それらの対立を課題として位置づけ，民主的な手続きに沿っていかに解決していくかを探究させようとする場合には，民主主義社会の形成者の育成を目指すシティズンシップ教育との関連が見られる。

　次に，社会的課題を解決する過程における技能や態度の習得が重視されている点である。総合的な学習の時間では，探究的な学習を進めるための方法の習得，教科で習得した比較・分類・関連づけ・多面的・多角的分析などの思考方法の活用，主体的・創造的・共同的に学習に取り組む態度の育成が目指されている。シティズンシップ教育においても，社会的課題の解決の過程において，対立を読み解くための概念，課題の批判的分析や解決のための対話の技能，他者の立場を尊重するための態度や共感の技能などの習得が目指されている。

第三に，自己の生き方について考えるきっかけを提供している点である。総合的な学習の時間では，社会や自然の中に生きる一員として，何をなすべきか，どのようになすべきかを考え，学んだことを現在および将来の自己の生き方につなげて考えることが求められている。シティズンシップ教育では，社会的課題の背景にある価値対立の考察を通して，自己の判断基準を問い直し，異なる他者と社会を共に形成していくことに関する考えを深めることが期待されている。

　シティズンシップ教育は，総合的な学習の時間の学習で例示される課題の中でもとくに，価値の多様性を踏まえた民主主義社会の形成に関わる社会的な課題の解決に学習者が主体的・協同的に関わることで，必要な技能・態度を習得することが期待されているといえる。

（2）カリキュラムの柔軟な運用と教師の力量形成

　総合的な学習の時間を進めていく上での課題について，シティズンシップ教育から得られる示唆を交えて述べる。欧州評議会は，シティズンシップ教育に関する大きな枠組みを示し，教師が使用できる教材や教授方法のポイントを記載した資料の作成は行っている。しかし，実際に使用する教材や実施枠組みは各学校に任されている。それは，各学校の教師が，子どもたちや地域の人々と議論し，協力しながら，プログラムをつくり上げていく過程そのものが，民主的プロセスを体現しており，シティズンシップ教育にとって重要であるとの認識に立っている。このような各学校独自の取り組みを支援するため，欧州評議会は，EDC/HRE パックという形で，評価の指標や教員として習得すべきコンピテンシーのフレークワークの資料作成や，教員向けの研修も定期的に実施している（たとえば，橋崎，2016参照）。総合的な学習の時間の学習の学習指導要領（2008）でも，「効果的な事例の情報提供や人材育成などの十分な条件整備と教師の創意工夫が不可欠」（7頁）とされており，各学校の取り組みの支援体制の重要性が示されている。このことより，カリキュラムの柔軟な運用を効果的に活かすための教師の力量形成への支援が課題であるといえる。

(3) 隠れたカリキュラムへの取り組みの必要性

　シティズンシップ教育では，学校を小さな社会として捉え，学校生活をつくっていく経験が，社会の形成者育成にとって重要な経験であると考えられている。そのため，民主主義や人権尊重について授業の中で取り上げると同時に，学校生活のあらゆる場面で，生徒の意見や声を聴く機会があるのかという，いわゆる隠れたカリキュラムの中での取り組みも重要となる。

　総合的な学習の時間についても同様に，「問題の解決や探究活動に主体的，創造的，協同的に取り組む態度」の育成は，顕在的カリキュラムとして扱われるだけでなく，学級や学校生活全体の中に表現されることが重要であろう。たとえば，総合的な学習の時間で子どもたちが探究した内容が，学校の取り組みに反映されるなど，子どもたちが主体的に行動すれば，自分たちの声が届く，自分たちでも物事を変えられるという実感がもてるようにするような場面を，学校生活のあらゆる場面で用意することなどが考えられる。

引用文献

池野範男（2014）「グローバル時代のシティズンシップ教育」『教育学研究』第81巻，第2号，138-148頁。

小玉重夫（2016）『教育政治学を拓く――18歳選挙権の時代を見すえて』勁草書房．

オードリー・オスラー／ヒュー・スターキー，清田夏代・関芽訳（2009）『シティズンシップと教育――変容する世界と市民性』勁草書房。

中央教育審議会答申（2016）「幼稚園，小学校，中学校，高等学校及び特別支援学校の学習指導要領等の改善及び必要な方策等について」

中山あおい（2010）「今，なぜシティズンシップ教育か」中山あおい・石川聡子・森実・森田英嗣・鈴木真由子・園田雅春『シティズンシップへの教育』新曜社。

橋崎頼子（2016）「シティズンシップ教育における多様なアイデンティティ尊重のための概念学習――欧州評議会のCLEARプロジェクトを通して」『奈良教育大学次世代教員養成センター研究紀要』第2号，167-175頁。

ヒーター，D. 田中俊郎・関根政美訳（2002）『市民権とは何か』岩波書店。

マーシャル，T・H／ボットモア，トム，岩崎信彦・中村健吾訳（1993）『シティズンシップと社会的階級』法律文化社。

嶺井明子（2011）「多元的シティズンシップによる国際理解教育概念の再構築」『国際理解教育』vol. 17., 37-46頁。

文部科学省（2008）「中学校学習指導要領解説　総合的な学習の時間編」
UNESCO (2015) *Global citizenship education : Topics and learning objectives.*
Council of Europe（2016）*Competences for democratic culture : Living together as equals in culturally diverse democratic societies.*
Gollob, R., Krapf, P., and Weidinger, W. (eds.) (2010a) *Educating for democracy : Background materials on democratic citizenship and human rights education for teachers.* Strasbourg : Council of Europe.
Gollob, R., Krapf, P., and Weidinger, W. (eds.) (2010b) *Taking part in democracy : Lesson plan for upper secondary level on democratic citizenship and human rights education.* Strasbourg : Council of Europe.

学習の課題

(1) 市民がもつべきだと思われる資質・能力について思いつく限りあげ，それらをカテゴリー分けしなさい。それらを，他国や国際機関のシティズンシップ教育の目標と比較し，類似点と相違点を考察しなさい。

(2) 近年，社会的課題は，ローカル・ナショナル・グローバルのように複数の地理的レベルに関連するものとなっている。ローカル，ナショナル，グローバルレベルの課題を関連づけて教材化するための工夫について考えなさい。（例えば，自分が普段消費しているものが，どこでどのようにつくられているかを考える教材）

(3) 地域社会への奉仕活動としてのボランティア活動は，異なる他者と関わり，対立する価値の解決を行うことを目指すシティズンシップ教育の視点からみてどのような課題があるか。小玉（2016）の第7章を参考に考察しなさい。

【さらに学びたい人のための図書】

オードリー・オスラー／ヒュー・スターキー，清田夏代・関芽訳（2009）『シティズンシップと教育』勁草書房。
　⇨社会の多様性を排除しないシティズンシップ教育の観点から，学校教育にとって必要となる考え方と，欧州における具体的事例を述べている。

小玉重夫（2016）『教育政治学を拓く』勁草書房。
　⇨論争点を読み解く力（政治的リテラシー）を育てるシティズンシップ教育を日本の文脈の中で考える上での論点を提供している。

中山あおい・石川聡子・森実・森田英嗣・鈴木真由子・園田雅春（2010）『シティズンシップへの教育』新曜社。

⇨環境，人権，メディア，消費者，子どもの権利の視点からシティズンシップ教育を論じ，実践の具体的な事例も紹介している。

（橋崎頼子）

第12章 総合的な学習の時間と地域学習

この章で学ぶこと

「地域学習」は古くて新しい言葉である。その時々の社会情勢、教育政策、教育課題など、教育を取り巻く社会的趨勢に大きな影響を受けながら、地域学習は隆盛と衰退を繰り返してきた。しかしながら、民主主義社会を創るという学校に課せられた役割を考えるならば、地域を知り地域の問題を考える地域学習はいつの時代にも重要な学習のはずである。地域学習の教育理論や歴史的展開を追いながら、改めて地域学習とは何かを学び、カリキュラム内容、実践の進め方について理解を深める。

1　地域学習の教育理論

　このたびは子どもが太陽となり、その周囲を教育の諸々のいとなみが回転する。子どもが中心であり、この中心のまわりに諸々のいとなみが組織される。
　　　　　　　　　　　　　　　　　　　　　　（デューイ、1957、45頁）

　この有名なフレーズは、デューイ（Dewey, J.）によって著された『学校と社会』の一部である。デューイは、知識中心の詰め込み教育やそれによる受動的な子どもの育成、子どもの個性を失わせる機械的な集団としての統一、融通の利かないカリキュラムの編成と教育活動の画一化などを批判した。そして、子どもたちの興味や関心に沿った、あるいはそれらを引き出す教育活動、そのための子どもたちの経験に基づいた教育方法を提唱した。デューイの唱道した教育理論は、児童中心主義と呼ばれ、新教育運動として20世紀最初に全米に広がり、世界各地の教育活動にも影響を与えることとなった。

デューイは，学校を「生きた社会生活の純粋な一形態たらしめるところの手段」(デューイ，1957，25頁) とし，「小型の社会，胎芽的な社会」(同，29頁) として位置づけた。デューイの想定する社会は，個性をもつ人々の自由と平等を保障する民主主義社会である。民主主義社会の発展のためには教育が重要であり，その活動は子どもの興味や関心に基づく現実の問題意識から出発し，それらの解決策を探究するものでなければならないとされる。そのために，教育方法として，まずは「learning by doing（なすことによって学ぶ）」としての「経験」が重視された。教科内容は，それ独自として学ぶものというよりも，興味や関心を深め，社会に役立つ「知」を生み出すための手段として位置づけられていた。そうした「知」の集合体が「共同体」としての社会を発展させながら，個々人の社会生活を豊かにするという道筋が描かれていたのである。

　ところが，デューイの教育理論は，理想的でありながらも行き詰まりを見せる。子どもたちの経験に基づく教育活動をうまく体系化できずに，「はいまわる経験主義」と呼ばれる野放図な活動で終始してしまうためである。デューイの目論見は，当初より，子どもの興味や関心から出発しつつも，子どもの学びを体系化し，学問的系統性をもたせ，最終的には「高度な知的理解に到達する」(柴田，2001，20頁) ところにあった。教師の役割は，子どもの経験に意味をもたせ，その先の学究的探究へと発展を促すところにあり，子どものやりたいようにやらせるだけではなく，教え導く活動もその範囲内として肯定的に捉えていた (デューイ，1957)。ところが，子どもの興味や関心から学問的体系化へとつなげる力量を有する教師の育成はたやすいものではなかった。十分な力量形成がなされないまま，あるいは児童中心主義の先を見据えないままの中途半端な理解にもとづく実践は，子どもの経験を蓄積し，感情を豊かにするところでとどまりがちだった。そのため，学校での知的理解を深める学びへと最終的に収拾されにくく，経験に意味をもたせて社会発展へとつなげることも，学力低下の批判を免れることもできなかったのである。地域学習は，現在でも高く評価されるデューイの教育理論の意義と実践に端を発し，それらに関する紆

余曲折と密接に関連する学習である。デューイの教育理論に関する重要な事項を自身で学習していただきたい。

2　日本における地域学習の歴史的展開

(1) 戦後の地域学習の定着

　日本における新教育運動の典型は大正自由教育に求められるが，自由な主体の形成という課題を達成できないまま，戦時下の全体主義の浸透とともに消えていった。戦後，日本でも民主主義が標榜され，国民主権や地方分権，自由や平等の尊重が社会構成の基本的枠組みとなると，新教育運動が再び広がりを見せるようになった。1947（昭和22）年・1951（昭和26）年の学習指導要領は，児童生徒が経験してきたことを，組織的に整えた環境（学校）によって豊かなものに拡大成長させ，その結果，地域社会の問題を解決できる市民を育成することを目的とし，経験主義教育による民主主義への志向性を有するとされる（水原，2009，47-48頁）。日本において地域学習が全国的な隆盛を誇った時期といえるだろう。

　その頃，1940年代のアメリカでは，オルセン（Olsen, E. G.）（オルゼンと表記される場合もある）の提唱するコミュニティ・スクール運動が広がりを見せており，日本はその影響も受けた。オルセンは，デューイの教育思想の影響を強く受けており，その実践の行き詰まりを解消するためのカリキュラム案と実践方法を提案した。コミュニティ・スクールの基本的原理は，以下の6つとされる（オルゼン，1950，17頁）。

1. 学校の目的を，人々の興味と必要から取り出してくる。
2. 学校計画の中で，地域社会の多くの多種多様の源泉を利用する。
3. 学校と地域社会とにおける全活動の中で民主主義を実地に行い，これを促進させる。
4. 人間生活の主要過程と主要問題を中心として，教育課程の中核をつくる。
5. 地域社会やそれ以上の大きい地域における団体生活を，計画的に協同して進

> 　歩向上させるためのある定まった指導者としての性格を訓練する。
> 6．共通の興味と相互の関心のある協同的な団体計画の中に，大人も子どもも参与させる。

　この中で，4〜6がコミュニティ・スクール独自の視点となる。オルセンは，「書籍中心の学校から，児童中心の学校を通り，生活中心の学校へと行くこと」（オルゼン，1950，17頁）として，この原理をかかげる。デューイの教育理論も，生活を軸にした教育活動を提示したはずであったが，その実践が児童中心というところでとどまりがちであった難点を克服しようとしたものであるといえる。加えて，コミュニティ・スクールの特徴は，学校のカリキュラムを大人の学習へとつなげていこうとするところにある。地域社会の問題解決に向けて，子どもと大人の協同学習が意図されているところに，デューイ理論からのさらなる発展性と，生涯学習社会の中の学校という先見性がうかがわれる。

　当時の地域学習は，アメリカにおける理論と実践を参考にしながら，子どもだけではなく大人も学習者として巻き込み，地域社会の問題をともに考える「地域教育計画」として発展していった。また，村の民主化や住民・子どもの生活改善のための生活綴方教育や社会科を中心とした問題解決学習が「地域に根ざす教育」として展開された。

（2）1950年代半ば以降の学校と地域の連携の衰退と地域学習の展開

　1956（昭和31）年に制定された「地方教育行政の組織及び運営に関する法律」を皮切りに，当時の文部省を頂点とする中央集権的教育行政の体制が整えられた。学校に対する教育委員会の管理統制の強化と各学校の自主性の制限がなされ，系統的教科学習の実施へと再び重心が移るに従って，地域学習は下火になっていった。アメリカでも問題とされていたように，経験を学習の発展へと結びつける困難性とそれによる学力低下批判が起きたことも要因の一つである。さらに，村の民主化を近代化と結びつけ，経済的発展による物質的な豊かさと捉えていたならば，高度経済成長期にさしかかると地域学習に目が向けられな

くなるのは自然の成り行きかもしれない。いずれにしても，学校は地域と乖離するようになり，門は閉ざされ，学校の聖域化が推し進められていった。

しかしながら，子どもの非行，対教師暴力，不登校，いじめ，自殺などの子どもの問題行動が顕在化するに従って，56年体制の問題点も指摘されるようになる。学校・校長の行政依存，学校の教育力や教師の指導力の低下が表れ，管理体制の確立による学校経営がベストではないことが明らかになった（小島，2007，26頁）。また，「生涯学習体系への移行」を謳った臨時教育審議会第一次～第四次答申（1985〔昭和60〕～1987〔昭和62〕年）では，「画一的」で「閉鎖的」な学校教育の転換の必要性が示された。子どもの問題行動の解決のためにも，今後の生涯学習社会の進展に向けても，「新しい学力観」としての自ら学ぶ意欲，思考力，判断力，表現力などの育成が目指され，「地域に開かれた学校」が教育施策として打ち出されることとなった。学校と地域の連携とそれによる地域学習が再び日の目を浴びるようになったのである。そして，2000（平成12）年から始まった総合的な学習の時間によって，地域学習は，正規のカリキュラムの一環として再始動することになったのである。

もちろん，この間にも，熱心に地域学習が実施されていた学校は存在する。安藤（2015）は，1960年代に公害が社会問題化し，公害反対住民運動が組織化された背景に，地域の学校で働く教師たちの存在があったとする。たとえば，四日市市では，運動の中枢を担った地元の教師たちが，高校生とともに地域調査を行い，問題の認識を住民たちと共有していったとされる。地域学習は教師の問題認識いかんによって，いつの時代にも実施されうるし，社会に大きなインパクトを与えうるものであるといえよう。

（3）2000年以降の学校と地域の連携推進施策

2000（平成12）年以降，学校と地域の連携を進める具体的施策が次々と打ち出され実行にうつされていった。主なものとして，2000年の学校教育法施行規則の改正により，第49条で新設された学校評議員制度，2000年12月の教育改革国民会議報告で「新しいタイプの学校（"コミュニティ・スクール"等）の設置を

促進する」とされたことを受け，2004（平成16）年の「地方教育行政の組織及び運営に関する法律」の改正により，第47条の5で新設された学校運営協議会をあげることができる。保護者や地域住民は，学校運営協議会を通して，当該校における教育課程の編成や職員の採用その他の任用に関して教育委員会規則で定める事項について意見を述べることができ，学校運営に関する意思決定の一翼を担うことができるようになった。

　2006（平成18）年の教育基本法の改正により，第13条として新たに「学校，家庭及び地域住民その他の関係者は，教育におけるそれぞれの役割と責任を自覚するとともに，相互の連携及び協力に努めるものとする」という規定が設けられた。これを具体化する方策の柱として，2008（平成20）年には「学校支援地域本部」事業が導入された。これは，地域ぐるみで子どもを育てることを目的して，教師と地域住民がともに学校の教育活動を支援するための仕組みづくりを促すものであり，学校支援ボランティアの組織化や地域住民が担う「地域コーディネーター」の設置などが進められている。

　新学習指導要領では，子どもたちに求められる資質・能力とは何かを社会と共有し，連携する「社会に開かれた教育課程」が重視されている。この背景の一つには，1970年代から指摘され続けてきた地域の衰退への危機意識がある。2015（平成27）年12月に中央教育審議会答申「新しい時代の教育や地方創生の実現に向けた学校と地域の連携・協働の在り方と今後の推進方策について」が公表され，それを受けて2016（平成28）年1月に文部科学大臣決定として提出された「次世代の学校・地域」創生プランでは，学校を核とした地域の創生が目指され，まちづくりとそのための人材育成に寄与する教育課程が求められている。

　その他，ESD（Education for Sustainable Development の略＝持続可能な開発のための教育）や，アメリカで実施されてきたサービスラーニング（徳岡，2011）の影響を受けた地域学習などが全国各地で展開されつつある。

3 地域学習のカリキュラム内容

(1) 地域学習とは

　地域学習とは，広く捉えれば，「地域について知り，地域を理解し，地域に働きかけながら学ぶこと」である。たとえば，小学校2年生になると，生活科の単元に「まち」という言葉が出てくる（加藤・濱田・吉田ほか，2017）。単元「どきどきわくわくまちたんけん」の小単元では「まちたんけんに行こう」「まちの人となかよくなろう」というように，まちにどんなお店や建物があるのかを具体的に知り，まちの人と交流する活動が設定されている。

　地域学習は，学校区あるいは当該学校の身近な地域に出かけて，まちの様子，まちのもの，まちの人を知り，楽しむところから始まる。小学校低学年であれば，まちに少しでもなじんだり，「こんなところに公園があったのか」と知れれば十分である。しかしながら，高校に至るまでのカリキュラムにおいて，そこから徐々に螺旋的に段階を上げていく必要がある。まちを知り，まちに関心をもち，理解を深める。そして，地域の過去・現在・未来をみすえ，グローバルかつ多元的な視点から地域の課題を発見し，民主主義社会の形成に向けて主体的に課題の解決に取り組む姿勢を育成する必要がある。地域学習の真髄は，批判的思考力を用いた課題の発見とその解決方法の提示，さらには解決のための実践行動にある。

　批判的思考力や健全な批判力といったものは，正しい自己主張をもってなされるものであり，他者の人権を侵害することなく，しかしながら社会構造に内在する不平等や不公正をしっかりと正していこうとする力である。簡単にいえば，どのような家庭・地域に生まれようとも，一人ひとりが豊かな人生を送れるような社会構造を求めるものであり，生まれによって，学歴や就職先，生涯賃金や希望の叶い方，幸福のあり方に偏りが見られないような社会を創ろうと訴え，行動する力である。こうした弱者を基点とする批判力の育成は，学校教育法第51条第3項にて，高校段階においてようやく法規定されるわけであるが，

第12章　総合的な学習の時間と地域学習

初等教育段階から導入すべきであると思われる。公正な社会への健全な批判力育成を伴わない地域学習では，地域の課題を見つけ，それを解決するのは困難であるし，高校進学を望まない（あるいは望めない）生徒に健全な批判力を身に付けさせないまま卒業させるのは，かれ・かのじょらの人生をより困難な方向へと向けるのではないかと考えられる。高校中退者を含めて，不利な状況に陥りがちな生徒たちをエンパワーメントしつつ，すべての子どもたちが社会の構造を正しながら，社会の一員としてより豊かな人生を歩めるようにするためには，小学生の頃から課題発見と解決のための批判的思考力を徐々に身に付けさせる学習活動を考える必要があるだろう。

生活中心の教育

地域社会の 生活と必要

社会過程と社会問題
1．自然環境の利用・保護
2．地域社会の歴史・文化・伝統の適切な評価
3．住民間の差異・格差・分断の程度
4．思想・価値観の交換・相互影響
5．地域産業・商業活動と住民の労働実態
6．市民としての責任・シティズンシップ
7．経済状態・生活水準・公衆衛生
8．家庭生活の支援
9．学校以外の教育活動の保証
10．宗教的要求の充足
11．文化的活動・芸術への理解と促進
12．レクリエーションの提供

基本的教育方法
文書資料／視聴覚補助具／校外専門家の指導／面接／現場見学／調査（長期調査旅行）／学校キャンプ／奉仕協力活動／職業体験

図12-1　地域学習のカリキュラム内容と方法

（2）オルセンによる地域学習のカリキュラム内容と方法

　地域学習の内容は地域に応じて多様であるべきだが，オルセンによって示されたコミュニティ・スクールのカリキュラム内容では，地域の課題を見つける視点が述べられている。以下の図12-1は，オルゼン（1950, 99頁）のものに現代の社会問題を加味して加筆修正したものである。

　オルセンは，これらについて説明する中で，たとえば，2の「地域社会の歴史・文化・伝統の適切な評価」では，それらに対しての誇りを高くもちすぎたり，伝統を押し付けたりするのではなく，新しい思想に対しての「寛容」の必要性を説き，古きしきたりを守る「不寛容」ゆえの地域社会の停滞と失敗を述

表 12-1　ユネスコの提示する地球的課題

地球的な課題例	日本の地域や学校の学習テーマ例
農業	米，大豆の栽培／花壇づくり／特産物の生産と販売／スローフード運動／食料自給率の問題
生物多様性	川や海，湖の生き物の観察／里山の観察／魚の養殖／野鳥の観察／ビオトープ／気候変動
文化的多様性	地域遺産／世界遺産／伝統芸能／少数民族の文化
減災と危機管理	防災教育／災害対策／気候変動
ジェンダー	性別役割分担／LGBTs／性暴力
健康	インフルエンザ等感染症の流行／AIDS・HIV／食の安全
人権	人権／いじめ・自殺・貧困／マイノリティ／定住外国人
持続可能な消費	ゴミ処理・分別／リサイクル／地産地消
水	水の循環・汚染／飲料水／水質汚濁／湿地の保全

出典：秋田市立秋田商業高等学校（2013, 28頁）に加筆・修正。

べている。地域学習は，単に地域の位置や施設について学べばよいものではない。当該地域を守るためにも，地域の有する物理的・構造的・文化的欠陥を指摘し，自由や平等，人権に関連する多元的価値を許容する地域づくりを推し進めるものである。オルセンの指摘は50年以上経った今でも，非常に有用なものであり，今まさに各地の地域学習でなされつつあり，なされなければならないものとなっている。これは，3の「住民間の差異・格差・分断の程度」とも関連する。差異自体はのぞましくないものではないが，それが広がりすぎると地域を分裂させ，住民間の対立や葛藤を生みやすくさせる。その原因を探るとともに，4にあるようにどのような思想・価値観に基づきながら地域住民間でやりとりがなされ，そこにどのような諸団体・組織が影響を与えているのかを分析することが必要となる。その他の説明は紙幅の都合上省くが，現代社会にも通じる内容と方法であるといえる。方法については，アクティブ・ラーニングや思考ツールを用いた方法が編み出されており，それらを参照していただきたい。なお，ESD の観点からの地域や学校の学習テーマ例も参考となるため，表 12-1 に掲載しておく。

4　地域学習の実践に向けて

（1）教科横断的なカリキュラムづくり

　総合的な学習の時間では，教科横断的なカリキュラムづくりが求められる。地域学習は，社会科と親和的であるものの，様々な教科と結びつけられる学びである。たとえば，地域を流れている川を調べて，川の水質や生態を調査し，水質や生態環境の改善に取り組む学習はよく行われている。この活動であれば，理科ではあるが，川にまつわる歴史や地理がまず必要となるであろうし，算数・数学も用いるであろうし，学習の過程での聞き取りや話し合い，そして発表といった流れでは国語も必要となる。

　また，小学6年生では，国語の単元にまちづくりがでてくる。学習内容は，学校の位置する地域の実態に合わせ，様々に考えられるであろう。農山村であれば，田畑や山を用いた授業，さらには過疎や少子化，まちづくり，地方創生に関連する学習活動が考えられる。漁村であれば，海や川が教材となるであろうし，地域の産業，歴史によっても学ぶ内容が異なる。博物館や美術館といった社会教育施設や，ゴミ処理場といった生活の基盤となる施設，福祉施設なども教材となる。また，新興住宅地ならではの課題もあるし，商業地域の課題もある。さらに，地域的背景として，経済的な問題があるのなら，格差社会の是正と社会的包摂に話をもっていってもよい。

　ただし，効果的な地域学習を進めるためには，「地域学習活動を検討する校内プロジェクト委員会を作り，あらゆる角度からカリキュラム再編を検討していかなければならない」（内山・玉井，2016，4頁）とされる。各教科，学年で学ぶ内容を突き合わせ，あるテーマに即して，教師はもちろんのこと子どもの頭の中にもトータルなイメージ図が浮かび上がり，個々の学習内容の関連を体感できるような学習計画が必要となる。活動時間に関しても，現行の単元を維持したまま，新たに地域を活用した取り組みを行うことは，現実には不可能であり，中途半端な時間で地域を活用した教育課程を組んでも本来の地域活動の

効果は期待できないとされる（内山・玉井，2016）。教育内容を教科横断的な相互の関係で捉え，時数を確保し，子どもの学びを豊かにするために，カリキュラム・マネジメント（第3章参照）が重要になってくる。なお，地域学習の効果については，徳岡（2011）や三菱総合研究所（2012）が参考になる。

（2）学校と地域の連携のための手だて

地域学習では，地域の自然やモノ，人との直接の出会いとそれを通じての体験が重要である。偶然の出会いももちろん重要ではあるが，意図した出会いをどう計画するのかに教師の力量がかかっているといってよい。以下では，地域学習を進めるための学校と地域の連携の進め方について説明する。

① 管理職のリーダーシップと教職員間の意思一致

まずは，地域学習を教科横断的に進めるための教職員間の合意形成が必要である。管理職がリーダーシップを発揮し，地域連携と地域学習を主に担ってくれる担当教師を決め，ミドルリーダーをうまく活用しながら，教職員間の意思一致を進める必要がある。

② 校内体制の整備

教職員間での意思一致を図るために，先に述べた「地域連携・地域学習校内プロジェクト委員会」といった組織を立ち上げ，校務分掌に位置づける。4月の校長の挨拶時に全教職員にビジョンと方針を伝え，地域連携と地域学習を進めることをじわじわと浸透させつつ，職員会議で諮る。そこで教師たちの意見を聞きつつ，地域学習の意義を共有する。

③-1　地域を知る——人口規模・産業・歴史・地理の把握

資料に基づき，地域の地理的把握をする。校区がどこからどこまでで，それは日本地図のどこに位置し，近くにどのような自然や建物・施設があるのかなどを調べる。地域にはそれぞれ固有の歴史があり，産業がある。新興住宅地であれば，地域産業はないかもしれないが，人々に一定共有されたくらし方がある。人口規模の推移を把握すれば，地域の人口動態に何が起きているのかをつかむことができる。まずは，地域の基本的情報を教師がしっかりと把握する必

③-2 地域を知る──地域の組織図の作成

　地域には，多様な組織・団体がある。たとえば，自治会，連合町内会，婦人会，子ども会，防犯協議会，民生児童委員，社会福祉協議会，NPO団体，環境保護団体などがいくつも存在する。また，最近であれば，子ども食堂や学習支援活動を行う団体もあるし，お寺や教会などの宗教組織も子どもへの支援活動に深く関わっていたりする。行政組織と連携しながら，どのような組織・団体が地域にあるのかを包括的に把握し，それらを並べて図式化するとよい。そうすると，地域にどのような人がいて，どのような活動をしているのか，おおよその見当がつく。

③-3 地域を知る──教師のフィールドワーク

　地域連携・地域学習を進めるためには，教師が地域をフィールドワークする必要がある。たとえば，校区の地図を広げ，縦横に均等に区切る。教師を2〜3人の少人数グループに分けて，地図には載っていない建物や，そこで暮らす人がどのような方なのか，わかる範囲で調べてくる。施設や建物だけではなく，NPO団体や企業の活動も調べる。教師が学校の外に出て，地域住民と挨拶をしたり，ちょっとした会話を交わすのも，連携をする上では重要である。地域住民が「先生が自分たちの地域に興味をもってくれている」と思うだけで，その後の協力体制はまったく異なるものになったりする。フィールドワークでは，地域住民の話を積極的に聞くことも必要である。

　一方，管理職が地域に出て歩き回り，様々な地域活動に顔を出し，地域住民との交流を楽しんでいる学校では，地域連携はうまくいく場合が多い。そうではなく，学習の中だけで連携しようとすると，地域住民には利用されている感覚が強くなり，壁ができてしまったりする。管理職のフットワークの軽さも大切な要素である。

④　教材・人材マップの作成

　③によって収拾した情報を持ち寄り，整理して，校区全体の教材・人材マップとそのリストを作る。教材になりそうかどうかは，教師の感性と勘によると

ころも大きい。③と④は，教員研修の一環として実施してもよい。
⑤　地域と子どもの課題の共有と目標の設定
　地域マップの作成を行っていると，地域にどのような課題があるのかがおぼろげながらわかってくる。地域の実態把握と地域分析を行った上で，地域に暮らす子どもの課題を議論する必要がある。地域の自然や建物・施設，人々とのふれあいや関わりのなさ，自己肯定意識や学習意欲の低さ，落ち着きのなさなど様々な課題が見られるであろう。地域や子どもの課題設定の際には，カリキュラム内容やテーマを参考にしつつ，地域で誰が・何が排除され，取り残されようとしているのか，教師自身が地域の課題の捉え方を学ぶことも大切である。地域や子どもの課題を出し合い，取り組むべき課題の共有化を図り，地域学習の目標を設定する。
⑥　学校支援ボランティアの組織化とネットワークづくり
　学校支援ボランティアの登録制は，教育委員会が中心となって取り組みつつあるが，③の作業によって独自で見つけてきた地域住民と連絡を取り，当該校オリジナルのボランティアリストとネットワークをつくると学校運営は行いやすくなる。また，ネットワークづくりに学校運営協議会やPTA等を利用するといいが，地域学習を進めるためには，教師による地道な地域教材と人材の発掘は欠かせない。
⑦　地域学習のポイント
　地域住民に話しにきてもらったり，子どもたちが地域にでかけ，体験を通じて何かをつかんだ後は，それらを知として深め，地域や行政に対して，問題解決のための子どもたちのアイデアを発表したり，実現したりする場の設定が重要である。また，その過程では，子どもと地域で生きる多様な人々とのつながりが生まれるような学習の組み立てが望まれる。そして，毎回の地域学習では，必ず振り返りシートを準備し，子どもたちの振り返りから次の授業へとつなげる工夫が必要である。

（3）学校と地域の連携および地域学習を進める際の課題

　一つ目は，地域の範域についてである。小学校なら小学校区，中学校なら中学校区と区切りやすいものの，学校選択制や小中一貫校，中高一貫校となると，地域の範域は広がる。また，通学する高校生の生活圏を端から端までつなげると高校の範域も相当広くなる。あるいは，学校区という行政区で区切らずに，「地元」と呼ばれる昔ながらの地域区分にこだわりのある地域もある。地域学習で大切なのは，どこからどこまでが範囲なのかということではなく，地域学習から何を学ぶかであり，豊かな学びを得られる地域を範域として設定するとよい。地域連携では，あまりに範域が広いと，連携する相手が見えなくなる場合もあるが，学校の位置する場所から徐々に範域を広げ，できるところからやっていくスタンスが必要であろう。その他，フェアトレードを教材に，地域と世界をつなげ，グローバルな視点で開発のあり方について考えることも地域学習である。

　二つ目は，地域学習の進め方にある。戦後の地域学習に関する論考からは，学習がうまくいかなかった理由を明らかにしているものがいくつもある。たとえば，子どもを校外に連れて行くフィールドワーク活動では，子どもが子どもなりに新たな問題を発見したり活動を創ったりできる余地があるかどうか，教師が連れ回して説明するだけに終始していないかで学習の成否が分かれる（中西，2017）。戦後の地域教育計画においても，住民の抵抗から打ち出されるボトムアップによる学習でなかったための反省が述べられている（大田，1989）。いずれにしても，活動が予定調和的なものとなり，子どもや地域住民の主体性を育成しそこなうと，学習としてはうまくいかない。教師はあくまで脇役であるが，地域の担い手としての主体を育成するためには，教えて導かなければならないポイントもあり，その見極めや柔軟性が大切である。

　三つ目は，多元的価値の取り込みである。「ネットワーク形成を現実に主導可能なのは専門性を備えている教師（学校）か，「市民文化の成熟性」を備えた，決して多数ではない一部の住民又は保護者だと考えられる」（浜田，2012，32頁）とあるように，裏を返せば地域には市民文化の成熟とは異なる様々な権

力構造がある。かつての地主が今でも町会長の役職につくのが暗黙のルールであったり，PTAの会長は男性しかなれないといった慣例があったりする。そうでなくとも，地域活動に携われる余裕のある層は経済的な上位層であったり，地域諸団体の会長には外国にルーツをもつ住民はなれなかったりする。つまり，地域は必ずしも寛容で公正なわけではなく，住民の背景によって分断されていたりもする。そのため，学校運営協議会などを利用し，すでに役職についている町会長や自治会長といった肩書きをもつ人々を中心に連携したり意思疎通を図るならば，学校もいつのまにか地域に住む一定の人々を排除してしまっていることにもつながる。教師は，地域を知る中で，どのような人々が住み，どのような権力構造が地域で支配的なのか，地域住民がどのような課題を抱えているのかを把握し，地域の潜在的課題を捉えて解決していくような地域学習を考案する必要がある。多様な背景を有する地域住民とともに地域の課題やニーズを掘り起こし，かれ・かのじょらをつなぎながら，エンパワーメントできる包摂型の社会を創る視点も重要である。そうであるからこそ，学校が地域創生の核になれるのである。そうした地域を創る過程では，教師の専門性を高めたり，教師もエンパワーメントされる相互作用が重要であろう。分断や対立を軸とする価値一元的な競争的社会を追い求めるだけではなく，協力やケアを軸とする価値多元的な共生社会を創る主体を育成する地域学習の展開が望まれる。

引用・参考文献

秋田市立秋田商業高等学校　ビジネス実践・ユネスコスクール班（2013）『ユネスコスクールによるESDの実践――教育の新たな可能性を探る』アルテ。
安藤聡彦（2015）「「公害教育から環境教育へ」再考」佐藤一子『地域学習の創造――地域再生への学びを拓く』東京大学出版会，51-74頁。
加藤明・濱田純・吉田豊香他（2017）『新編　新しい　生活　下』東京書籍。
デューイ，宮原誠一訳（1957）『学校と社会』岩波文庫。
浜田博文（2012）「「学校ガバナンス」改革の現状と課題」『日本教育経営学会紀要』第54号，23-34頁。
三菱総合研究所（2012）『学校と地域の連携施策の効果検証及び改善事例収拾に向けた調査研究報告書』（文部科学省のHPから入手可能）
水原克敏（2009）「現代日本の教育課程の歩み」田中耕治・水原克敏・三石初雄・西

岡加名恵『改訂版　新しい時代の教育課程』有斐閣アルマ。
中西修一朗（2017）「戦後初期における北条小学校のカリキュラム開発に関する一考察──単元学習の展開に着目して」『京都大学大学院教育学研究科紀要』63, 257-269頁。
オルセン・エドワード，G., 宗像誠也・渡辺誠・片山清一訳（1950）『学校と地域社会──学校教育を通した地域社会研究と奉仕の哲学・方法・問題』小学館。
小島弘道（2007）『時代の転換と学校経営改革──学校のガバナンスとマネジメント』学文社。
大田堯（1989）『地域の中で教育を問う』新評論。
柴田義松（2001）『教育課程論』学文社。
徳岡慶一（2011）「今後求められる授業実践──サービス・ラーニング（Service Learning）の考え方と実践」田中耕治・森脇健夫・徳岡慶一『授業づくりと学びの創造』学文社。
内山隆・玉井康之（2016）『実践　地域を探究する学習活動の方法──社会に開かれた教育過程を創る』東洋館出版社。

―― 学習の課題 ――

(1) 地域学習とは何か，自分なりに説明してみよう。
(2) 書籍や雑誌，Web などを利用し，面白そうな地域学習活動を見つけてみよう。
(3) あなたが地域学習を実践するなら，どのような地域学習をしたいか，計画してみよう。

【さらに学びたい人のための図書】
デューイ，宮原誠一訳（1957）『学校と社会』岩波文庫。
　　⇨教職の必読書であり，通読して学校・教師の役割や教職の意義について考えてほしい。
佐藤一子（2015）『地域学習の創造──地域再生への学びを拓く』東京大学出版会。
　　⇨地域学習の理論，歴史，内容，方法に関する優れた著である。
内山隆・玉井康之（2016）『実践　地域を探究する学習活動の方法──社会に開かれた教育過程を創る』東洋館出版社。
　　⇨地域学習の具体的な実践内容・方法について，わかりやすく述べられている。

（柏木智子）

小学校学習指導要領
第5章　総合的な学習の時間

第1　目標

探究的な見方・考え方を働かせ，横断的・総合的な学習を行うことを通して，よりよく課題を解決し，自己の生き方を考えていくための資質・能力を次のとおり育成することを目指す。

(1) 探究的な学習の過程において，課題の解決に必要な知識及び技能を身に付け，課題に関わる概念を形成し，探究的な学習のよさを理解するようにする。

(2) 実社会や実生活の中から問いを見いだし，自分で課題を立て，情報を集め，整理・分析して，まとめ・表現することができるようにする。

(3) 探究的な学習に主体的・協働的に取り組むとともに，互いのよさを生かしながら，積極的に社会に参画しようとする態度を養う。

第2　各学校において定める目標及び内容
1　目標
各学校においては，第1の目標を踏まえ，各学校の総合的な学習の時間の目標を定める。
2　内容
各学校においては，第1の目標を踏まえ，各学校の総合的な学習の時間の内容を定める。
3　各学校において定める目標及び内容の取扱い　各学校において定める目標及び内容の設定に当たっては，次の事項に配慮するものとする。

(1) 各学校において定める目標については，各学校における教育目標を踏まえ，総合的な学習の時間を通して育成を目指す資質・能力を示すこと。

(2) 各学校において定める目標及び内容については，他教科等の目標及び内容との違いに留意しつつ，他教科等で育成を目指す資質・能力との関連を重視すること。

(3) 各学校において定める目標及び内容については，日常生活や社会との関わりを重視すること。

(4) 各学校において定める内容については，目標を実現するにふさわしい探究課題，探究課題の解決を通して育成を目指す具体的な資質・能力を示すこと。

(5) 目標を実現するにふさわしい探究課題については，学校の実態に応じて，例えば，国際理解，情報，環境，福祉・健康などの現代的な諸課題に対応する横断的・総合的な課題，地域の人々の暮らし，伝統と文化など地域や学校の特色に応じた課題，児童の興味・関心に基づく課題などを踏まえて設定すること。

(6) 探究課題の解決を通して育成を目指す具体的な資質・能力については，次の事項に配慮すること。

ア　知識及び技能については，他教科等及び総合的な学習の時間で習得する知識及び技能が相互に関連付けられ，社会の中で生きて働くものとして形成されるようにすること。

イ　思考力，判断力，表現力等については，課題の設定，情報の収集，整理・分析，まとめ・表現などの探究的な学習の過程において発揮され，未知の状況において活用できるものとして身に付けられるようにすること。

ウ　学びに向かう力，人間性等については，自分自身に関すること及び他者や社会との関わりに関することの両方の視点を踏まえること。

(7) 目標を実現するにふさわしい探究課題及び探究課題の解決を通して育成を目指す具体的な資質・能力については，教科等を越えた全ての学習の基盤となる資質・能力が育まれ，活用されるものとなるよう配慮すること。

第3　指導計画の作成と内容の取扱い
1　指導計画の作成に当たっては，次の事項に配慮するものとする。

(1) 年間や，単元など内容や時間のまとまりを見通して，その中で育む資質・能力の育成に向けて，児童の主体的・対話的で深い学びの実現を図るようにすること。その際，児童や学校，地域の実態等に応じて，児童が探究的な見方・考え方を働かせ，教科等の枠を超えた横断的・総合的な学習や児童の興味・関心等に基づく学習を行うなど創意工夫を生かした教育活動の充実を図ること。

(2) 全体計画及び年間指導計画の作成に当たっては，学校における全教育活動との関連の下に，

目標及び内容，学習活動，指導方法や指導体制，学習の評価の計画などを示すこと。
(3) 他教科等及び総合的な学習の時間で身に付けた資質・能力を相互に関連付け，学習や生活において生かし，それらが総合的に働くようにすること。その際，言語能力，情報活用能力など全ての学習の基盤となる資質・能力を重視すること。
(4) 他教科等の目標及び内容との違いに留意しつつ，第1の目標並びに第2の各学校において定める目標及び内容を踏まえた適切な学習活動を行うこと。
(5) 各学校における総合的な学習の時間の名称については，各学校において適切に定めること。
(6) 障害のある児童などについては，学習活動を行う場合に生じる困難さに応じた指導内容や指導方法の工夫を計画的，組織的に行うこと。
(7) 第1章総則の第1の2の(2)に示す道徳教育の目標に基づき，道徳科などとの関連を考慮しながら，第3章特別の教科道徳の第2に示す内容について，総合的な学習の時間の特質応じて適切な指導をすること。
2 第2の内容の取扱いについては，次の事項に配慮するものとする。
(1) 第2の各学校において定める目標及び内容に基づき，児童の学習状況に応じて教師が適切な指導を行うこと。
(2) 探究的な学習の過程においては，他者と協働して課題を解決しようとする学習活動や，言語により分析し，まとめたり表現したりするなどの学習活動が行われるようにすること。その際，例えば，比較する，分類する，関連付けるなどの考えるための技法が活用されるようにすること。
(3) 探究的な学習の過程においては，コンピュータや情報通信ネットワークなどを適切かつ効果的に活用して，情報を収集・整理・発信するなどの学習活動が行われるよう工夫すること。その際，コンピュータで文字を入力するなどの学習の基盤として必要となる情報手段の基本的な操作を習得し，情報や情報手段を主体的に選択し活用できるよう配慮すること。

(4) 自然体験やボランティア活動などの社会体験，ものづくり，生産活動などの体験活動，観察・実験，見学や調査，発表や討論などの学習活動を積極的に取り入れること。
(5) 体験活動については，第1の目標並びに第2の各学校において定める目標及び内容を踏まえ，探究的な学習の過程に適切に位置付けること。
(6) グループ学習や異年齢集団による学習などの多様な学習形態，地域の人々の協力も得つつ，全教師が一体となって指導に当たるなどの指導体制について工夫を行うこと。
(7) 学校図書館の活用，他の学校との連携，公民館，図書館，博物館等の社会教育施設や社会教育関係団体等の各種団体との連携，地域の教材や学習環境の積極的な活用などの工夫を行うこと。
(8) 国際理解に関する学習を行う際には，探究的な学習に取り組むことを通して，諸外国の生活や文化などを体験したり調査したりするなどの学習活動が行われるようにすること。
(9) 情報に関する学習を行う際には，探究的な学習に取り組むことを通して，情報を収集・整理・発信したり，情報が日常生活や社会に与える影響を考えたりするなどの学習活動が行われるようにすること。第1章総則の第3の1の(3)のイに掲げるプログラミングを体験しながら論理的思考力を身に付けるための学習活動を行う場合には，プログラミングを体験することが，探究的な学習の過程に適切に位置付くようにすること。

中学校学習指導要領
第4章　総合的な学習の時間

第1　目　標

探究的な見方・考え方を働かせ，横断的・総合的な学習を行うことを通して，よりよく課題を解決し，自己の生き方を考えていくための資質・能力を次のとおり育成することを目指す。
(1) 探究的な学習の過程において，課題の解決に必要な知識及び技能を身に付け，課題に関わ

る概念を形成し，探究的な学習のよさを理解するようにする。
(2) 実社会や実生活の中から問いを見いだし，自分で課題を立て，情報を集め，整理・分析して，まとめ・表現することができるようにする。
(3) 探究的な学習に主体的・協働的に取り組むとともに，互いのよさを生かしながら，積極的に社会に参画しようとする態度を養う。

第2 各学校において定める目標及び内容
1 目標
　各学校においては，第1の目標を踏まえ，各学校の総合的な学習の時間の目標を定める。
2 内容
　各学校においては，第1の目標を踏まえ，各学校の総合的な学習の時間の内容を定める。
3 各学校において定める目標及び内容の取扱い 各学校において定める目標及び内容の設定に当たっては，次の事項に配慮するものとする。
(1) 各学校において定める目標については，各学校における教育目標を踏まえ，総合的な学習の時間を通して育成を目指す資質・能力を示すこと。
(2) 各学校において定める目標及び内容については，他教科等の目標及び内容との違いに留意しつつ，他教科等で育成を目指す資質・能力との関連を重視すること。
(3) 各学校において定める目標及び内容については，日常生活や社会との関わりを重視すること。
(4) 各学校において定める内容については，目標を実現するにふさわしい探究課題，探究課題の解決を通して育成を目指す具体的な資質・能力を示すこと。
(5) 目標を実現するにふさわしい探究課題については，学校の実態に応じて，例えば，国際理解，情報，環境，福祉・健康などの現代的な諸課題に対応する横断的・総合的な課題，地域や学校の特色に応じた課題，生徒の興味・関心に基づく課題，職業や自己の将来に関する課題などを踏まえて設定すること。
(6) 探究課題の解決を通して育成を目指す具体的な資質・能力については，次の事項に配慮すること。
ア 知識及び技能については，他教科等及び総合的な学習の時間で習得する知識及び技能が相互に関連付けられ，社会の中で生きて働くものとして形成されるようにすること。
イ 思考力，判断力，表現力等については，課題の設定，情報の収集，整理・分析，まとめ・表現などの探究的な学習の過程において発揮され，未知の状況において活用できるものとして身に付けられるようにすること。
ウ 学びに向かう力，人間性等については，自分自身に関すること及び他者や社会との関わりに関することの両方の視点を踏まえること。
(7) 目標を実現するにふさわしい探究課題及び探究課題の解決を通して育成を目指す具体的な資質・能力については，教科等を越えた全ての学習の基盤となる資質・能力が育まれ，活用されるものとなるよう配慮すること。

第3 指導計画の作成と内容の取扱い
1 指導計画の作成に当たっては，次の事項に配慮するものとする。
(1) 年間や，単元など内容や時間のまとまりを見通して，その中で育む資質・能力の育成に向けて，生徒の主体的・対話的で深い学びの実現を図るようにすること。その際，生徒や学校，地域の実態等に応じて，生徒が探究的な見方・考え方を働かせ，教科等の枠を超えた横断的・総合的な学習や生徒の興味・関心等に基づく学習を行うなど創意工夫を生かした教育活動の充実を図ること。
(2) 全体計画及び年間指導計画の作成に当たっては，学校における全教育活動との関連の下に，目標及び内容，学習活動，指導方法や指導体制，学習の評価の計画などを示すこと。その際，小学校における総合的な学習の時間の取組を踏まえること。
(3) 他教科等及び総合的な学習の時間で身に付けた資質・能力を相互に関連付け，学習や生活において生かし，それらが総合的に働くようにすること。その際，言語能力，情報活用能力など全ての学習の基盤となる資質・能力を重視すること。

(4) 他教科等の目標及び内容との違いに留意しつつ，第1の目標並びに第2の各学校において定める目標及び内容を踏まえた適切な学習活動を行うこと。
(5) 各学校における総合的な学習の時間の名称については，各学校において適切に定めること。
(6) 障害のある生徒などについては，学習活動を行う場合に生じる困難さに応じた指導内容や指導方法の工夫を計画的，組織的に行うこと。
(7) 第1章総則の第1の2の(2)に示す道徳教育の目標に基づき，道徳科などとの関連を考慮しながら，第3章特別の教科道徳の第2に示す内容について，総合的な学習の時間の特質に応じて適切な指導をすること。

2 第2の内容の取扱いについては，次の事項に配慮するものとする。
(1) 第2の各学校において定める目標及び内容に基づき，生徒の学習状況に応じて教師が適切な指導を行うこと。
(2) 探究的な学習の過程においては，他者と協働して課題を解決しようとする学習活動や，言語により分析し，まとめたり表現したりするなどの学習活動が行われるようにすること。その際，例えば，比較する，分類する，関連付けるなどの考えるための技法が活用されるようにすること。
(3) 探究的な学習の過程においては，コンピュータや情報通信ネットワークなどを適切かつ効果的に活用して，情報を収集・整理・発信するなどの学習活動が行われるよう工夫すること。その際，情報や情報手段を主体的に選択し活用できるよう配慮すること。
(4) 自然体験や職場体験活動，ボランティア活動などの社会体験，ものづくり，生産活動などの体験活動，観察・実験，見学や調査，発表や討論などの学習活動を積極的に取り入れること。
(5) 体験活動については，第1の目標並びに第2の各学校において定める目標及び内容を踏まえ，探究的な学習の過程に適切に位置付けること。
(6) グループ学習や異年齢集団による学習などの多様な学習形態，地域の人々の協力も得つつ，全教師が一体となって指導に当たるなどの指導体制について工夫を行うこと。
(7) 学校図書館の活用，他の学校との連携，公民館，図書館，博物館等の社会教育施設や社会教育関係団体等の各種団体との連携，地域の教材や学習環境の積極的な活用などの工夫を行うこと。
(8) 職業や自己の将来に関する学習を行う際には，探究的な学習に取り組むことを通して，自己を理解し，将来の生き方を考えるなどの学習活動が行われるようにすること。

索引（*は人名）

A-Z
DESD　162
DeSeCo　8
ESD　47, 48, 143, 160, 162, 164, 168, 194, 196
ESDカレンダー　48
eポートフォリオ　89
PISA　8, 41
SDGs　143, 163

ア行
新しい学力観　192
生きる力　33
*海後宗臣　25
*梅根悟　25
　欧州評議会　177-183
　横断的・総合的な課題　5, 101
*大田堯　29
*大津和子　147
*オスラー, A.　174
*オルゼン, E. G.　190, 195

カ行
海外研修　151
開発教育　152
香川大学教育学部附属高松小学校　85
学習指導要領　94
学習指導要領　試案　23
　1947（昭和22）年版　23
　1951（昭和26）年版 試案　23
　社会科編Ⅰ（試案）　24
学力低下　34
学力低下論　38
学力の三要素　41
学力評価　92
隠れたカリキュラム　180, 185
課題の設定　69, 71
価値的行動力　105
学校運営協議会　193

学校支援ボランティア　200
学校と社会　188
学校と地域の連携　193, 198
勝田守一　142
活動的市民（アクティブ・シティズン）　177, 180
*ガードナー, H.　17
神奈川県相模原市立谷口中学校　89
カリキュラム・デザイナー　39
カリキュラム・ユーザー　38
カリキュラムマネジメント　16, 34, 44
カリキュラムモデル　109, 112
川口プラン　25-29
観察による評価　96
管理職のリーダーシップ　198
キーコンピテンシー　8, 37
キャリア　7
教育課程　94
教育目標　94
教科横断的なカリキュラムづくり　197
教科カリキュラム　22
教材・人材マップ　199
教師による評価　92
教職員間の意思一致　198
協調学習　75
協働　76
協同的な学習　73
*グラビンガー, R. S.　16
グローバル・アクション・プログラム（GAP）　163
グローバル化　140
経験主義教育　190
形式陶冶　7
形成的評価　92
コア・カリキュラム　22, 106
公害　157
公害教育　157-158
校内体制　198

個性的行動力　105
子どもたちの生活上の課題　23
子どもの思考の流れ　70
コミュニティ・スクール　190, 191, 193, 195

サ行
シークエンス　27
思考ツール（フィッシュボーン）　72, 131, 129
思考力・判断力・表現力等　59
自己評価　89, 92
資質・能力　58, 61, 94
資質・能力の三つの柱　41, 44
静岡県島田市立川根小学校　76
静岡市立城内中学校　78
「次世代の学校・地域」創生プラン　194
自然保護教育　156-157
持続可能な開発　159
持続可能な開発のための教育　→ESD
持続可能な開発のための教育の10年　→DESD
持続可能な開発目標　→SDGs
実質陶冶　7
シティズンシップ　105
シティズンシップ教育　152, 173
児童中心主義　188
指導要録　96
社会参加　154
社会人基礎力　10
社会的レリバンス（意義）　34
社会と政治　7
社会に開かれた教育課程　34, 50, 133, 136, 193
主体　201
主体的・対話的で深い学び　121
生涯学習体系への移行　192
情報活用能力　80, 82
情報の収集　69, 71
情報モラル教材　112
情報モラル指導　109
新科目「公共」　172
新教育運動　188, 190

真正の学び　34
真正の問題の学習　16
診断的評価　92
新聞づくり　80
信頼性　98
スコープ　27
＊スターキー, H.　174
制作物による評価　96
整理・分析　69, 71
全国学力・学習状況調査　13
全体計画　55, 121
憎悪のピラミッド（Pyramid of Hate）　141
総括的評価（評定）　92
総合学習　22
総合的な探求の時間　44
相互評価　92
創造的行動力　105
ソーシャルスキル　109

タ行
体験活動　77
体験と言語をつなぐ　78
対話的な学び　130
多元的学習　196
多元的価値　201
他者評価　92
多重知能理論　17
谷口ドリーム学習　89
探求課題（テーマ）　94, 167-168
探究活動　102
探求的な学習　69, 165, 167
探求の4つの過程　69
探求のスパイラル　70
探求のプロセス　39, 40, 44, 124, 137
単元計画　56, 64, 121, 122
単元計画指導　122
地域学習　194, 195
地域教育計画　25, 191
地域社会の課題　23
地域に根ざす教育　191
地域に開かれた学校　192

索　引

地域の創生　194
地域の範域　201
地域マップ　200
チームとしての学校　51
チェックリスト　98
地球規模の環境問題　158
知識基盤社会　105, 116
知識構成型ジグソー法　75
知能及び技能　58
長期的ルーブリック　86, 88
＊デューイ, J.　23, 188
トビリシ勧告　159, 160
なすことによって学ぶ　189
21世紀型スキル等　37
21世紀型能力　101, 105, 116
日本国際理解教育学会　147
日本ユネスコ国内委員会　146
人間力　10
年間指導計画　56, 61, 62, 121

ハ行
はい回る経験主義　34, 189
パフォーマンス評価　85, 88, 96
パーマネント・ポートフォリオ　98
批判的思考　195
評価規準　94, 96
評価の観点　94
ピラミッドチャート　131
フォトランゲージ　152
深い学び　72

振り返り　200
プログラミング学習　116
ヘイト・スピーチ　141
ベオグラード憲章　159, 160
防災　7
ポートフォリオ　89, 96
ポートフォリオ検討会　89, 98
ポートフォリオ評価　98
ポートフォリオ評価法　89
本郷プラン　29-32
マーシャル　175

マ行
まとめ・表現　69, 72
学び合い　73
学び合いのねらい　74
学びに向かう力, 人間性等　61
見方・考え方　12, 35
民主主義社会　189, 194
目標を実現するにふさわしい探求課題　56
問題解決学習　23

ヤ・ラ・ワ行
ユネスコ　141, 143, 177
ユネスコスクール　145
ルーブリック　86
歴史認識　153
ロールプレイ　152
ワーキング・ポートフォリオ　98

211

監修者

原　清治（佛教大学副学長・教育学部教授）

春日井敏之（立命館大学大学院教職研究科教授）

篠原正典（佛教大学教育学部教授）

森田真樹（立命館大学大学院教職研究科教授）

執筆者紹介 （所属，執筆担当，執筆順，＊は編著者）

＊篠原正典（編著者紹介参照，第1章）

角田将士（立命館大学産業社会学部教授，第2章）

＊森田真樹（編著者紹介参照，第3章・第9章）

大畑健実（元・京都女子大学講師〔非常勤〕，第4章）

石原一則（元・静岡県榛原郡川根本町立中川根第一小学校校長，第5章）

細尾萌子（立命館大学文学部准教授，第6章）

富永直也（特定非営利法人くりえいてぃぶキッズ理事長，第7章）

山田直人（京都府相楽東部広域連合立笠置中学校教諭，第8章）

小川博士（白鷗大学教育学部准教授，第10章）

橋崎頼子（奈良教育大学教育学部准教授，第11章）

柏木智子（立命館大学産業社会学部教授，第12章）

編著者紹介

森田　真樹（もりた・まさき）
　1970年　生まれ。
　現　在　立命館大学大学院教職研究科教授
　主　著　『新社会科教育学ハンドブック』（共著）明治図書，2012年。
　　　　　『国際理解教育ハンドブック』（共著）明石書店，2015年。

篠原　正典（しのはら・まさのり）
　1954年　生まれ。
　現　在　佛教大学教育学部教授
　主　著　『教育実践研究の方法』（単著）ミネルヴァ書房，2016年。
　　　　　『新しい教育の方法と技術』（共編著）ミネルヴァ書房，2012年。

　　　　　　　　　　　　　　新しい教職教育講座　教職教育編⑧
　　　　　　　　　　　　　　　　総合的な学習の時間

　　　2018年 3 月31日　初版第 1 刷発行　　　　　〈検印省略〉
　　　2023年12月20日　初版第 6 刷発行

　　　　　　　　　　　　　　　　　　　　　　　定価はカバーに
　　　　　　　　　　　　　　　　　　　　　　　表示しています

　　　　　　　　　　　　　監修者　　原　　清治／春日井敏之
　　　　　　　　　　　　　　　　　　篠原正典／森田真樹
　　　　　　　　　　　　　編著者　　森田真樹／篠原正典
　　　　　　　　　　　　　発行者　　杉　田　啓　三
　　　　　　　　　　　　　印刷者　　坂　本　喜　杏

　　　　　　　　　　発行所　株式会社　ミネルヴァ書房
　　　　　　　　　　　607-8494　京都市山科区日ノ岡堤谷町 1
　　　　　　　　　　　　　　　　電話代表（075）581-5191
　　　　　　　　　　　　　　　　振替口座　01020-0-8076

　　　　　　　　　Ⓒ 森田・篠原ほか，2018　冨山房インターナショナル・坂井製本

　　　　　　　　　　　　　ISBN 978-4-623-08191-2
　　　　　　　　　　　　　　　Printed in Japan

新しい教職教育講座

原 清治・春日井敏之・篠原正典・森田真樹 監修

全23巻

（Ａ５判・並製・各巻平均220頁）

教職教育編
① 教育原論　　　　　　　　　　　　　　　　山内清郎・原 清治・春日井敏之 編著
② 教職論　　　　　　　　　　　　　　　　　　　　　　久保富三夫・砂田信夫 編著
③ 教育社会学　　　　　　　　　　　　　　　　　　　　　原 清治・山内乾史 編著
④ 教育心理学　　　　　　　　　　　　　　　　　　　　神藤貴昭・橋本憲尚 編著
⑤ 特別支援教育　　　　　　　　　　　　　　　　　　　原 幸一・堀家由妃代 編著
⑥ 教育課程・教育評価　　　　　　　　　　　　　　　　細尾萌子・田中耕治 編著
⑦ 道徳教育　　　　　　　　　　　　　　　　　　　　　荒木寿友・藤井基貴 編著
⑧ 総合的な学習の時間　　　　　　　　　　　　　　　　森田真樹・篠原正典 編著
⑨ 特別活動　　　　　　　　　　　　　　　　　　　　　　中村 豊・原 清治 編著
⑩ 教育の方法と技術　　　　　　　　　　　　　　　　　篠原正典・荒木寿友 編著
⑪ 生徒指導・進路指導　　　　　　　　　　　　　　　春日井敏之・山岡雅博 編著
⑫ 教育相談　　　　　　　　　　　　　　　　　　　　春日井敏之・渡邉照美 編著
⑬ 教育実習・学校体験活動　　　　　　　　　　　　　　　小林 隆・森田真樹 編著

教科教育編
① 初等国語科教育　　　　　　　　　　　　　　　　　　井上雅彦・青砥弘幸 編著
② 初等社会科教育　　　　　　　　　　　　　　　　　　　　中西 仁・小林 隆 編著
③ 算数科教育　　　　　　　　　　　　　　　　岡本尚子・二澤善紀・月岡卓也 編著
④ 初等理科教育　　　　　　　　　　　　　　　　　　　山下芳樹・平田豊誠 編著
⑤ 生活科教育　　　　　　　　　　　　　　　　　　　　鎌倉 博・船越 勝 編著
⑥ 初等音楽科教育　　　　　　　　　　　　　　　　　　　　　　　高見仁志 編著
⑦ 図画工作　　　　　　　　　　　　　　　　　　　　波多野達二・三宅茂夫 編著
⑧ 初等家庭科教育　　　　　　　　　　　　　　　　　　三沢徳枝・勝田映子 編著
⑨ 初等体育科教育　　　　　　　　　　　　　　　　　　石田智巳・山口孝治 編著
⑩ 初等外国語教育　　　　　　　　　　　　　　　　　　　　　　　湯川笑子 編著

―――― ミネルヴァ書房 ――――
https://www.minervashobo.co.jp/